编委会

主　编：史月杰

编　委：张　静　李佳佳　马海涛

李宝茹　王彩霞　师　慧

前 言

学前教育是终身教育的开端，是国民教育体系的重要组成部分。办好学前教育，关系到亿万儿童的健康成长，关系到社会的和谐稳定，关系到党和国家事业的未来。高素质的幼儿园教师队伍是办好学前教育的重要保障，课程与教材则是培养优秀师资的重要抓手和依托。课程与教材要发挥培根铸魂、启智增慧的作用，引导学生成长为有理想信念、有道德情操、有扎实学识、有仁爱之心的“四有”好老师。

近年来，幼儿园教师的观察与分析幼儿的能力越来越受到学前教育界的重视，国家颁布的《幼儿园教师专业标准(试行)》《3—6岁儿童学习与发展指南》都要求幼儿园教师掌握观察、谈话等了解幼儿的基本方法，并通过有效的观察与记录，客观反映与评价幼儿的实际发展水平，在尊重、关注、倾听的基础上因人施教。意大利瑞吉欧课程模式十分重视幼儿行为的观察与记录、分析与理解，其成果《儿童的一百种语言》正是在观察基础上对幼儿进行分析与理解而产生的。全美幼教协会指出，专业化的幼儿教师应善于观察和评价幼儿的行为表现，并以此作为课程计划和课程个性化设计的依据。

就目前现状而言，学前教育专业学生在幼儿园见习与实习活动中的观察以及幼儿教师在实际工作中的观察大多处于自发状态，往往基于自己的经验而开展观察和分析，缺乏专业人员和专业书籍的指导，使观察活动缺少计划、缺乏指导。怎样培养准幼儿教师观察幼儿、评价幼儿的能力呢？这对培养学前教育专业人才的学校提出了挑战。

幼儿园见习与实习是学前教育专业教学计划的重要组成部分，是贯穿该专业学习全过程的重要的教育实践环节。通过见习与实习，学生可了解幼儿园的一日活动情况，了解幼儿园的建筑和环境布置，观摩和了解幼儿园教学活动组织情况，了解幼儿园的保育工作，这些是见习与实习实践的重点，同时借此培养学生的观察、记录、评价能力也是见习与实习的重要任务，只有这样，才能使见习与实习活动更有效。基于以上认识，我们编写了这本《学前教育专业见习与实习观察指导》。

《学前教育专业见习与实习观察指导》从学前教育专业最基本的核心课程出发，结合课程内容设计了近60个观察或调查任务。这些观察或调查任务是学科学习的重点，也是幼儿园工作的重点。学生学习和了解这些内容，对于掌握学前教育专业基本知识、幼儿园工作要点具有重要作用。每个观察任务设计了观察目标、观察内容、观察列表、观察说明、观察反思五项内容；每个调查任务也类似设计了五项内容。观察说明是对观察列表中各个概念和内容的解释或说明，这对于缺少观察设计经验和观察实践的学生、幼儿教师来说非常有帮助。

本书特点

第一，实践性。教育见习和实习是学前教育专业重要的实践环节，目的是提高学生未来作为幼儿教师的实践能力。本书提供学生见习与实习观察或调查方案，学生可以在教师指导下或自己阅读下进行观察或调查实践活动，培养和提高观察技能。

第二，指导性。针对学前教育五门核心课程，分别设计了见习与实习观察或调查任务，对于有效开展见习与实习活动非常有帮助，特别是观察或调查说明对于学生理解每个观察或调查任务的目标和内容，从而进行有效观察具有指导作用。

第三，创新性。原来开展教育见习与实习，学生一方面缺少明确的任务，另一方面缺少明确的指导，使见习与实习效果收效甚微。本书结合学生所学设计观察或调查内容，不但检验和巩固了学生的专业知识，而且还给学生提供了科学有效地进行见习与实习观察的指导，具有创新性。

第四，实用性。本书不但结合学科知识，而且和幼儿园教育教学活动衔接紧密，把各个观察或调查任务设计成表格，同时对表格中各项指标进行了解释和说明，便于学生或幼儿教师直接选用进行观察，省却了大量自己编制观察清单的时间，方便实用。

本书可以作为学前教育专业学生的学习用书，也可以作为教育见习与实习活动的指导用书，希望能给提高教育见习与实习质量提供支持，也希望能对提高未来幼儿教师的观察实践技能有所裨益。

本书分为五部分，由六人分工完成，一人最后统稿。第一部分由史月杰、马海涛完成；第二部分由李佳佳完成；第三部分由李宝茹完成；第四部分由史月杰、师慧完成；第五部分由张静完成。史月杰负责最终统稿。由于作者水平有限，书中难免出现缺漏或失误，真诚希望专家、同行及广大读者批评指正。

最后感谢北京师范大学出版社罗佩珍老师、朱前前老师对本书的撰写和出版所做的大量工作，也感谢所有在我们撰写过程中给予帮助的朋友们！

史月杰

目　录

第一部分　幼儿卫生保健

保健教育见习是学前教育专业的实践性环节，通过学习本课程，学生能了解幼儿在幼儿园的活动情况、幼儿园的建筑与设备卫生，熟悉幼儿园教师、幼儿的一日活动安排，初步把握幼儿成长的一些基本情况。在学生与幼儿园的第一次零距离接触的过程中，学生会逐渐增强对自身专业的感性认识，进而促进其在校的专业理论学习，强化专业情感。

卫生保健工作是幼儿园的一个重要工作内容，旨在保障婴幼儿身心正常发育和健康成长。卫生保健工作在幼儿园工作中具有特别重要的意义，这也是幼儿园教育与管理区别于中小学的一大特色。

幼儿园卫生保健工作的对象是正在发育和成长中的学前儿童。他们正处于生长发育的关键时期，生长发育迅速，然而身体尚未发育完善，生理和心理发展的可塑性大，容易受到损害；幼儿适应环境的能力和对疾病的抵抗力不强，容易感染疾病；再有，他们的身体结构形态还没有定型，其行为习惯与个性也正在逐步形成。幼儿园必须通过卫生保健工作，包括科学安排幼儿一日生活，提供合理的营养膳食，定期体检，进行疾病的防治和生活卫生常规的培养，加强体格锻炼以及建立安全措施等一系列工作，实施良好的保育和教育，促进其健康成长。

卫生保健工作是在幼儿园这一特殊环境中实施的。幼儿园是集体保育和教育机构，开展集体保育和教育必须注重卫生保健工作，要创设适宜的环境，采取必要的卫生保健措施，使处于集体中的幼儿减少感染疾病的机会，避免传染病的蔓延，保证全体幼儿的健康。

对幼儿园卫生保健工作的观察是学前教育专业见习与实习实践中的一个非常重要的环节，对学生今后从事幼教工作有着重要意义，因而本书特地把对幼儿卫生保健工作的观察内容做了大致的规范和总结。

任务一　幼儿园概貌调查

《幼儿园工作规程》第二条提出："幼儿园是对3周岁以上学龄前幼儿实施保育和教育的机构。幼儿园教育是基础教育的重要组成部分，是学校教育制度的基础阶段。"因为3～6岁幼儿年龄小，各系统器官发育还不完善，各种心理特征、个性特征、生活习惯等还没有形成，基本活动能力和生活自理能力还比较差，免疫功能还不成熟，需要得到保护和养育。教育者必须有意识地创设各种条件，采取各种措施积极培养幼儿的良好生活卫生习惯，提供安全措施，保护他们身心健康成长。幼儿园环境、场所的创建是幼儿在幼儿园安全、健康、快乐成长的基础，对幼儿园基本状况进行了解是学生熟悉未来教育环境，建立职业认同的基础。

调　查　幼儿园的基本情况

(一)调查目标

调查、了解幼儿园的基本情况及国家对幼儿园环境、场地、师幼比等的规定，帮助学生认识和了解幼儿园的性质及创建一个幼儿园的环境、场地、功能室的要求等内容。

(二)调查内容

1. 了解幼儿园性质，调查与掌握省、市优质幼儿园的标准。
2. 调查幼儿园占地面积、建筑面积、绿化面积等。
3. 调查幼儿园幼儿人数、班级数，幼儿教师配备情况，师幼比例等。
4. 调查幼儿园的园内各功能室的配置与使用情况。

(三)调查列表

表1-1　幼儿园基本概况的调查

调查幼儿园：________　　　　幼儿园类型、性质：________

调查项目	内容	记录
幼儿园规模	班级幼儿总数/小、中、大班幼儿数量(人)	
	幼儿总数/男孩、女孩数量(人)	
	专任教师/辅助人员(人)	
	师幼比	
幼儿园用地(m^2)	占地面积/建筑面积	
	绿地面积	
	道路和停车场	
	室外活动场地	
	幼儿园生均用地	

续表

调查项目	内容	记录
活动及辅助用房	活动室（寄宿制）	
	寝室（寄宿制）	
	活动室＋寝室（全日制）	
	盥洗室	
	衣帽间	
	教具储藏室	
	特色活动室	
	科学发现室	
	幼儿图书室	
	音体活动室	
	美术活动室	
	其他	
办公及辅助用房	行政办公室	
	教师办公室	
	会议室	
	教具制作和陈列室	
	资料室	
	保健室	
	隔离室	
	晨检、接待室	
	值班室	
	其他	
生活用房	厨房	
	消毒间	
	炊事员休息室	
	开水间	
	洗衣房	
	杂物间	
	汽车库	
	自行车库	
	其他	

调查日期：________　调查人员：________

备注：若无相关项目，填“无”；若相关项目共用一室，请注明。

(四)调查说明

1. 调查了解各级各类幼儿园的规模、师幼比、生均用地等地方或国家的相关规定。

2. 调查了解见习、实习幼儿园活动及辅助用房情况，从中了解该幼儿园对幼儿活动的重视和推动情况，以及相关的地方或国家的设计要求规定，丰富学生的认识。

3. 调查了解见习、实习幼儿园办公及辅助用房情况，从中了解该幼儿园对教师工作和幼儿园常规工作(卫生保健等)的布置和安排情况。

4. 调查了解见习、实习幼儿园生活，以了解该幼儿园厨房、洗衣、消毒等卫生保健情况。

(五)调查反思

通过调查和了解，你认为所见习、实习幼儿园的各种场所、功能室是否齐备？应该有哪些改进？

任务二　幼儿园一日活动安排的观察

《幼儿园教育指导纲要(试行)》中指出："幼儿园应为幼儿提供健康、丰富的生活和活动环境，满足他们多方面发展的需要，使他们在快乐的童年生活中获得有益于身心发展的经验。"幼儿园一日活动是指幼儿每天从入园到离园的全部活动。一日活动中的每项活动，都是促进幼儿全面发展的必要手段和过程，都应具有保育和教育意义。《幼儿园工作规程》第二十六条规定："幼儿园一日活动的组织应动静交替，注重幼儿的直接感知、实际操作和亲身体验，保证幼儿愉快的、有益的自由活动。"科学合理安排幼儿一日活动、提高幼儿一日生活的有效性是幼儿园至关重要的问题。

观察一　幼儿园一日活动安排

(一)观察目标

观察幼儿园一日生活环节及对应的时间安排、主要活动内容等，可以让见习、实习生认识和了解幼儿园一日生活常规，为未来从事专业工作打下良好的基础。

(二)观察内容

幼儿入园晨检、早操、点心、教学活动、游戏活动、户外活动、午餐、午睡、如厕、午后户外活动等各环节的时间安排及主要活动内容。

(三)观察列表

表 1-2　幼儿园一日生活安排观察表

观察幼儿园：________　　　　　　　　　　　　　　幼儿园班级：________

观察日期：________　　　　　　　　　　　　　　　观察人员：________

时间	幼儿活动	主要内容

备注：1. 通过观察与调查，把时间和对应的幼儿活动及主要的活动内容填写在表格中。

2. 请就见习、实习幼儿园相应班级向教师询问和调查一周活动安排表(附在观察表后)。

(四)观察说明

1. 幼儿入园，一般伴随着晨检、晨间活动、早餐、自由活动、早操、点心、教学活动、上午点心、游戏活动、户外活动、午餐、午睡、如厕、午后户外活动等生活环节情况，把根据观察或调查得到的幼儿一日生活环节按时间顺序及对应的主要活动内容填在表格中。比如晨检环节，安排在早 7:30～8:00，幼儿主要接受晨检和入园礼仪的养成教育。晨间活动主要安排在 8:00～8:10，安排小朋友做一些音乐律动活动、早操等内容。

2. 观察和调查幼儿各项活动的具体要求。

(1)晨检。做好幼儿卫生、健康、传染病、携带物等方面的检查与处理。

(2)早操。按时做操，做操前教师要检查幼儿的衣服、鞋帽，做好防寒、防暑及安全检查工作。

(3)喝水。按时组织幼儿集体喝水，嘱咐幼儿随渴随喝，喝水不催促。

(4)如厕。培养幼儿定时排便的习惯，教会幼儿便后自己擦屁股的正确方法，提醒幼儿便后洗手。

(5)进餐。餐前组织安静的游戏，做好准备，进餐时关注幼儿是否需要添加食物及幼儿自主进餐能力，餐后漱口、洗手。

(6)户外活动。保证幼儿每天户外活动时间在2小时以上，其中有组织的户外活动时间为中班20分钟，大班30分钟。注意幼儿户外安全，不能让幼儿离开自己的视线范围。

(7)活动区活动。保证幼儿活动区的活动时间，为幼儿提供适宜的材料。

(8)离园。做好离园前的准备工作(如整理衣物、洗手、洗脸等)，教师做到对每名幼儿心中有数。把每位幼儿亲自交到家长手中。

(五)观察反思

1. 通过观察(调查)，反思个人对幼儿园一日生活的了解和认识情况。
2. 你对所见习、实习幼儿班级的一日生活内容有没有一些认识和看法?

(六)扫一扫，看微课

观察二　幼儿园晨、午检的观察

幼儿园晨检的目的在于能帮助幼儿养成良好的卫生习惯，养成勤洗澡、刷牙、换衣、剪指甲的好习惯，也能检查幼儿身体健康状况，以防幼儿身体不适，把比较严重的疾病带到幼儿园，而家长却不知道。同时，也能防止幼儿把一些传染病、危险物品等带到幼儿园，传染或危及其他孩子。午检能监测到幼儿在幼儿园的健康情况，能发现幼儿在幼儿园是否藏匿了危险物品，对于幼儿在园的健康和安全有重要意义。

(一)观察目标

通过观察、了解幼儿的卫生和健康情况，保证幼儿在园的安全和健康。

(二)观察内容

1. 幼儿入园晨、午检的实施。
2. 幼儿晨、午检的内容和记录。

(三)观察列表

表 1-3 幼儿园晨检情况观察表

幼儿园：________ 幼儿班级：________

观察日期：________ 观察人员：________

晨检的准备	
晨检的地点	
晨检的人员	
晨检的步骤	
晨检的内容	
晨检的记录	
晨检的处理措施	
午检时间	
午检内容	

(四)观察说明

1. 选择一个幼儿班级，观察教师进行晨检和午检的情况，晨、午检的记录情况，持续观察一周，写出观察报告。

2. 晨检是绝大部分幼儿园均在执行的一项保健措施。曾有一些家长对此表示不解，“为什么孩子来幼儿园时要晨检呢?”更有甚者，直接将晨检当成了“搜身”，认为这是对孩子自尊心的一种伤害。其实，这是部分家长对晨检工作的误解。晨检的目的在于防止幼儿将传染病及危险物品带入园所，即具有维护健康、保障安全的双重意义。幼儿园作为儿童的聚集地，晨检是一项不可或缺的保健措施。

3. 观察晨检准备。

(1)晨检教师及各班教师首先要穿着干净的工作服，保持仪表整洁，不留长指甲，不戴戒指。

(2)晨检教师首先要用消毒水和清水将幼儿桌椅做好消毒清洁工作。

(3)放好晨检用品(压舌板、晨检牌子筐、消毒棉球、测量体温用具等)。

(4)备好各班晨检及全日观察记录簿、幼儿口服药记录簿；教师每天依据的晨检内容认真对每位幼儿进行晨检。

4. 晨检步骤及内容。

每天早上幼儿入园，须在园门口接受值班教师的晨间检查。

一问：询问家长有无发热、咽痛、咳嗽、腹泻，以及饮食、睡眠、大小便情况。

二摸：摸额头、颈部、手心是否有发烧迹象，摸腮腺区淋巴结是否有肿大状况。

三看：观察幼儿神态、口腔、眼神、皮肤及整个精神状态等有无异常。

四查：有无携带不安全的物品，如剪刀、曲别针等。

5. 晨检记录及处理措施。填写幼儿晨检记录表，必须及时把晨检时有问题的孩子的情况记录在晨检记录上并向园长汇报。发现身体异常、不适，尤其是发烧、手足和口腔部位有疱疹的要及时告诉家长和教师。对于有发烧、传染病等的幼儿，一般请家长带回家中，就医治疗。危险物品交由家长带回。带药幼儿要登记。

6. 午检相对于晨检比较简单，主要关注幼儿在幼儿园是否发热、精神状态的变化，突发的疾病、私藏的危险物品等。

(五)观察反思

有效提高晨、午检的措施和方法有哪些？

(六)附录

表 1-4 ________幼儿园晨、午检记录表(1)

班级：________ 日期：________

序号	姓名	出勤	体温		精神		饮食、睡眠、大小便		口腔、个人卫生		备注
			早	午	早	午	早	午	早	午	
1											
2											
3											
4											
5											
6											
7											
8											
9											
10											
11											
12											
13											
14											
15											
16											
17											
18											
……											

表 1-5　________幼儿园晨、午检记录表(2)

班级：________

月　日	姓名	异常情况说明	体温	备注

(七)扫一扫，看微课

观察三　幼儿教师一日工作常规观察

(一)观察目标

观察(调查)、了解幼儿园教师一日工作常规及主要的工作和教育内容。

(二)观察内容

1. 幼儿园教师一日工作常规。
2. 幼儿教师工作的内容和主要教育内容。

(三)观察列表

表 1-6　幼儿教师一日工作常规观察表

观察幼儿园：________　　幼儿园班级：________

观察日期：________　　观察人员：________

时间	教师工作环节	主要工作	教育内容

续表

时间	教师工作环节	主要工作	教育内容

备注：请简单填写幼儿教师的工作内容和教育内容。

(四)观察说明

可以参考表1-7观察和填写。

表1-7　幼儿园教师一日工作流程

工作时间	工作环节	保育内容	教育内容
7:30～8:00	入园	①餐前准备，消毒餐桌、取碗，分发餐具、餐巾、杯子； ②开窗通风，清洗保温桶，准备开水，保证幼儿一日饮水量； ③用消毒水擦拭杯格、玩具柜、水龙头等幼儿易接触到的地方； ④打扫室内卫生，擦灰尘、整理物品； ⑤帮助和指导幼儿正确洗手； ⑥接待带药的家长，登记记录，将药品放在指定的地点。	①指导值日生工作； ②教幼儿正确的洗手方法，教育幼儿不玩水、肥皂，节约用水。
8:00～8:30	早餐	①早餐，分发早点，照顾幼儿愉快进餐； ②餐后打扫，保证桌面及地面清洁； ③消毒餐车、餐盘、餐巾及擦桌毛巾。	①掌握幼儿进食量，及时添饭，引导体弱儿、肥胖儿合理进食，培养幼儿良好的饮食习惯，细嚼慢咽、不挑食、不浪费、饭后主动清理桌面； ②向幼儿介绍食谱，营养成分，描述色、香、味，增进幼儿食欲。

续表

工作时间	工作环节	保育内容	教育内容
8:30～9:00	活动区活动	①消毒擦拭窗台、门把手，冲刷消毒洗手池、便池、墩布池； ②检查幼儿是否挂好毛巾； ③同幼儿一起进行区域活动，活动后同幼儿一起收拾整理活动区； ④提醒幼儿及时如厕、按需饮水。	①协助教师做好幼儿区域活动的配合工作，并在教师需要的情况下做好活动前的准备工作； ②观察幼儿活动情况，引导幼儿主动解决活动中出现的问题； ③引导幼儿对活动区物品简单分类，协助幼儿有序整理； ④鼓励幼儿在园大便，遵守如厕规则，懂得自我保护。
9:00～10:20	集体教育活动	①配合教师完成主题教育活动； ②活动后喝水及如厕环节，要随时冲刷便池、擦拭盥洗室及厕所地面。	①在教师指导下，做好教育活动的配合工作； ②注意幼儿正确坐姿、用眼卫生、书写姿势等习惯的培养； ③引导幼儿按需饮水、及时如厕，便后自觉冲水。
10:20～11:00	课间操、户外活动	①保育员参与幼儿做操，并协助管理幼儿； ②协助教师进行户外体育活动，密切观察幼儿的情绪变化、精神状态，关注体弱儿、肥胖儿和正在服药的幼儿的活动情况； ③活动前注意幼儿衣服、鞋子是否适宜运动，及时提供有效帮助； ④玩大型玩具时，应分工合作，保护指导幼儿进行活动； ⑤及时为出汗较多的幼儿擦汗、垫背、隔毛巾。	①鼓励幼儿保持愉快情绪，调动幼儿参加运动的积极性； ②协助教师户外游戏指导、安全管理，注意掌握幼儿运动强度，随机对幼儿进行安全保健等自我保护知识的教育和指导。
11:00～11:20	餐前准备	①餐前准备(同早餐)； ②拿餐巾，并放到指定的位置； ③帮助和指导幼儿正确洗手； ④用消毒水擦拭桌面，将消毒好的毛巾晾晒。	①指导值日生工作，引导值日生体验能为他人服务的快乐； ②教幼儿正确洗手的方法，教育不玩儿水、肥皂，节约用水。

续表

工作时间	工作环节	保育内容	教育内容
11:20 ～ 11:50	中餐	①发放餐具(大班可指导值日生完成),分发午餐。掌握幼儿的进餐情况,随时添加饭菜,不催饭,培养良好的饮食习惯; ②提醒、帮助(小班)幼儿擦嘴、漱口; ③清洗消毒餐盘、餐巾、擦桌毛巾、餐具等物品; ④擦拭消毒水龙头,冲刷消毒洗手池、便池、墩布池; ⑤收拾餐具,清理桌面、扫拖地面(包括厕所地面)。	①提醒幼儿做到“三净”(碗里净、桌面净、身上净),“三轻”(走路轻、说话轻、拿放东西轻); ②引导幼儿爱牙护齿,指导幼儿掌握正确漱口方法。
11:50 ～ 12:30	餐后散步	组织幼儿餐后散步,晒太阳,增强幼儿体质。	进行安全和健康教育。
12:30 ～ 14:30	午间休息	①午睡准备工作,备好床铺,拉好窗帘,营造安静的睡眠环境; ②同教师一起组织幼儿餐后漱口,如厕,脱衣上床午睡; ③与教师一起值班,看护幼儿午睡	①帮助和指导幼儿按顺序脱衣服,培养自我服务意识; ②教育幼儿养成午睡的好习惯。
14:30 ～ 15:00	起床	①同教师一起组织幼儿起床、如厕、喝水; ②帮助需要的幼儿穿衣服,帮助女孩梳头发; ③开窗通风,整理床铺,打扫卧室。	指导幼儿按顺序的穿衣方法,注意自我服务能力的培养。
15:00 ～ 15:20	午点	①消毒桌面,准备温开水,备好午点,水果消毒后一律削皮; ②分发午点; 首先,餐后整理,打扫卫生; 其次,督促和帮助幼儿擦净嘴、脸、手; 最后,注意幼儿饮水情况。	①帮助和指导幼儿正确洗手。培养幼儿良好的卫生习惯; ②午点时注意营养均衡的教育,告诉幼儿水果对身体的益处; ③午点后提醒幼儿认真漱口,全面保护牙齿。
15:20 ～ 15:50	下午游戏活动	①同幼儿一起进行室内游戏; ②区域活动后清理活动区卫生; ③提醒幼儿及时如厕,按需饮水。	①协助教师进行区域活动的准备工作,需要时配合教学活动,给个别幼儿加以指导; ②观察幼儿活动情况,及时提供积极有效的指导帮助。

续表

工作时间	工作环节	保育内容	教育内容
15:50～16:50	户外体育活动	(同上午)	(同上午)
16:50～17:30	离园	①协助老师帮助幼儿整理着装; ②将水桶清理干净，倒掉垃圾; ③做好各项保育记录，检查关闭水、电、门、窗。	①提醒帮助幼儿整理衣服，拿好自己的物品; ②教育幼儿离园时讲文明、有礼貌，与教师、同伴说再见; ③与教师交换一日工作意见，做好第二天的工作准备。

备注：1. 每天上午打扫负责区卫生(外走廊、栏杆、阳台)，清洗厕所、水池。

2. 每周四或周五消毒玩具一次，半月洗一次床单、枕套，每周末用洁厕精刷洗便池一次。

3. 每周一下午 3：00～4：00 做户外大型玩具的清洁卫生和消毒。

(五)观察反思

1. 通过观察和调查，反思个人对幼儿教师工作的了解和认识情况。

2. 请用一个流程图简单概括和说明幼儿教师一天的工作。

观察四　幼儿园保教工作中出现的问题观察

“保教并重”是幼儿园的一个重要特点，但是在实际工作中许多幼儿园及教师存在“重教轻保”的观念，并且在保育和教育过程中各自存在这样或那样的问题，严重影响着儿童的健康与成长。要求学生利用见习、实习机会，观察所在班级教师在幼儿保育与教育中存在的问题，可以使学生认识幼儿园工作的性质、树立正确的职业理念。

(一)观察目标

观察(调查)幼儿园保育和教育工作存在的一些问题，使见习、实习生对幼儿园工作有一个正确认识，避免以后工作中的挫折。

(二)观察内容

幼儿教师在幼儿园一日的生活常规和工作，如晨检、早操、就餐、活动、喝水、午睡、盥洗等环节中出现的问题。

(三)观察列表

表 1-8　幼儿园保教工作中出现的问题观察表

观察幼儿园：________　　　　　　　　　　幼儿园班级：________

观察日期：________　　　　　　　　　　　观察人员：________

对象	环节	出现的问题	简单描述
教师	入园		
	晨检		
	早操		
	早餐		
	自由活动		
	教学活动		
	点心时间		
	户外活动		
	午餐		
	午睡		
	下午餐点		
	下午活动		
	离园		
	其他环节		

(四)观察说明

所谓教师出现的问题，包括：接待幼儿入园是否热情、专心？晨检活动的组织是否有序？幼儿自由活动是否关注幼儿？就餐准备是否有条不紊？生活照顾是否周到？是否有其他一些不适宜行为等，如有没有故意忽视、孤立幼儿的现象？有没有孩子吃饭不好而被“塞饭”的现象？有没有呵斥、批评不睡觉幼儿现象？有没有对幼儿困难不闻不问现象？是否有严重的教育不公平现象？等等。

(五)观察反思

1. 通过观察，反思幼儿园教师应该怎样做。
2. 对幼儿园教师出现的问题进行整理，写出观察报告并交流。

任务三　幼儿的生长发育与健康状况调查

个体的生长是指身体各器官、系统的长大和形态变化，是量的变化，发育是个体细胞、组织和器官的分化完善和功能上的成熟，是质的变化。两者密切相关，共同作用促使个体的成长。幼儿期是个体身心健康发展的奠基时期，也是身体、心理发展速度最快的时期。幼儿园必须全面关注幼儿的身体发育和心理健康，树立正确的成长和健康观念，在重视幼儿身体发育和健康的同时，也要高度重视幼儿的心理健康。《幼儿园教育指导纲要(试行)》也指出，幼儿园必须把保护幼儿的生命和促进幼儿的健康放在工作的首位。

调查一　幼儿健康检查状况调查

幼儿的生长发育有自身的规律和特点，并受到多种因素的影响。幼儿的身体健康是每个家庭、幼儿园特别关注的问题。幼儿从入园开始，幼儿园就应该制定完整的健康检查制度并按时进行健康检查，以及早发现幼儿成长中的问题并及早采取相应措施，健康检查是保护儿童健康成长的重要方法之一。

(一)调查目标

调查、了解幼儿园是否有对幼儿进行常规健康检查的制度并执行。

(二)调查内容

1. 调查、了解幼儿园对幼儿进行健康检查的制度安排。
2. 调查、了解幼儿园对幼儿进行健康检查的内容。
3. 调查、了解幼儿园以往健康检查中发现的问题情况。

(三)调查方法和对象

从幼儿园保健室调查、了解幼儿园对幼儿进行健康检查的相关资料。

(四)调查列表

表 1-9　幼儿园对幼儿进行的健康检查调查

项目	内容
健康检查制度	
幼儿健康档案或卡片	
健康检查的种类及内容	
健康检查依据的标准	
健康检查中发现的问题是否有记录	

(五)调查说明

1. 我国卫生部门规定，学前儿童定期健康检查的时间：

(1)儿童出生后的第一年检查 4 次，分别在 3、6、9、12 个月进行，1 周岁时进行一次全面健康检查；

(2)出生后第二年检查 2 次，分别在 18 个月、24 个月进行；

(3)出生后第三年检查 2 次，分别在 30 个月、36 个月进行；

(4)3 岁以后每年检查 1 次，每半年测身高、体重一次。

如果发现异常，应随时增加检查的次数。测量要准确，并做好记录，便于健康分析、评价、疾病统计、及时发现问题，及时加以矫正。应为每个幼儿建立健康卡片或健康档案。

据此，幼儿园应该建立健康检查的制度并执行。

2. 检查幼儿健康档案，看里面的记录是否完整，是否有生长监测。

3. 一般幼儿园的健康检查分为入园前检查和幼儿园中的定期检查两种。入园检查项目有 5 个：(1)幼儿的健康状况，有无传染病、遗传病和慢性病史；(2)幼儿预防接种完成情况；(3)入园近期有无传染病接触史；(4)测量身高、体重；(5)做全面检查。入园检查，一个月有效。

定期检查有半年进行的身高、体重测查；还有每年一次的全面检查，检查项目有身高、体重、头围、胸围、坐高、心率、脉搏、视力等。

4. 目前，我国幼儿园一般采用的生长发育标准是 2009 年原卫生部颁布的《中国 7 岁以下儿童生长发育参照标准》，将幼儿体检时所得数据按不同年龄、身高、体重等分别与标准手册相对照。视力表按国际标准。

5. 在定期检查中，发现的特殊儿童包括维生素 D 缺乏性佝偻病、小儿营养不良缺铁性贫血、体重增长不良(包括营养不良、营养过剩、反复感染)等，幼儿园都要有相应的记录和防治措施。

(六)扫一扫，看微课

调查二　幼儿营养与生长发育状况调查

幼儿期的生长发育是最快速的时期，最突出的标志是变化性，从不显著的细小变化到根本的质变，还有阶段性、不均衡性及个体差异性等特点。同时幼儿的生长发育受到多种因素的影响，比如遗传、性别、营养、疾病、环境等。调查幼儿的生长发育状况是幼儿保健工作的重要内容，对于促进幼儿健康成长与及时发现幼儿成长中的异常问题有重要意义。而要评价幼儿的生长发育情况，需要相应的评价标准。

(一)调查目标

通过实际调查，了解幼儿的生长发育情况。

(二)调查内容

1. 以 2009 年颁布的《中国 7 岁以下儿童生长发育参照标准》为标准调查见习、实习班级幼儿的生长发育情况。

2. 对其中有问题的幼儿做记录。

3. 写出一个简单的调查报告。

(三)调查方法和对象

测量见习、实习班级的所有幼儿的身高、体重和年龄一起记录在表1-10，对照《中国7岁以下儿童生长发育参照标准》，分别得到评价等级，再结合幼儿园保健医生、幼儿教师的建议，给幼儿一个综合评价。

根据调查结果，写出调查报告。

(四)调查列表

表1-10 见习与实习幼儿班级的幼儿生长发育调查

调查幼儿园：________　　　　幼儿园班级：________

调查日期：________　　　　调查人员：________

姓名	性别	年龄(个月)	身高(cm)	体重(kg)	年龄别身高	年龄别体重	身高别体重	综合评价

备注：测量要尽量准确，并且要逐项完成每项测量。

(五)调查说明

1. 调查中年龄按月计算，身高采用站立测量，单位 cm，体重用电子秤测量，单位 kg，年龄别身高、年龄别体重分别在《中国 7 岁以下儿童生长发育参照标准》中，左侧是年龄，右侧对应了不同标准差下的身高和体重情况，身高别体重在《中国 7 岁以下儿童生长发育参照标准》中，左侧是身高，右侧是不同标准差下的体重，通常取第一列(－3sd)。

2. 对应标准可先分别得到身高和体重的高、中、低档，再根据医生和教师建议，给出综合评价。

(六)调查反思

1.《中国 7 岁以下儿童生长发育参照标准》是否适合当地情况，是否有做出调整的必要？

2. 怎样使综合评价更科学、合理？

(七)附录

《中国 7 岁以下儿童生长发育参照标准》

观　察　幼儿心理健康问题观察

心理健康是幼儿身心健康的重要方面，幼儿园、家长、教师不仅要关注孩子的体格发育、营养状况、身体状况和智力水平等，而且要重视幼儿的心理发育及心理健康。因此，家长和教师都有必要了解有关常见幼儿心理缺陷和障碍知识，以便及时发现和识别幼儿心理问题，为幼儿心理健康发展提供适宜的帮助和指导。

(一)观察目标

通过观察，了解和认识幼儿心理不健康或异常的一些表现，学习教师对心理不健康或异常行为的帮助和矫正方法。

(二)观察内容

1. 幼儿心理不健康或异常的表现。

2. 观察教师面对心理异常幼儿给予的帮助和指导。

3. 根据观察记录写出一个简单的观察报告。

(三)观察列表

表 1-11　幼儿心理健康问题观察记录表

观察幼儿园：________　　观察班级：________

观察日期：________　　观察人员：________

项目	表现	幼儿姓名
语言	幼儿现在说话能力明显低于同龄儿童	
认知	幼儿听别人说话、理解别人语言的能力明显低于同龄儿童	
运动	幼儿在跑、跳、爬等身体运动方面的协调能力明显低于同龄儿童	
精细动作发育	幼儿手的动作笨拙，在用手拿筷子、握笔、堆积木、做手工操作等方面的协调灵活性明显比同龄儿童差	
发音	幼儿说话吐词不清、含糊，发音错误，说出来的很多话别人听不懂……	
口吃	幼儿口吃(即说话不流畅，出现拖拉、发音延长、停顿)	
智力	幼儿反应慢，理解能力差，记忆力与接受能力低于同龄儿童	
孤独	幼儿从小孤僻离群，不能与小朋友一起玩，甚至与父母的交往也困难	
恐怖	与其他儿童相比，幼儿过分害怕某些动物或某些特殊环境	
不安全感	幼儿过分胆小，害怕陌生人，见到陌生环境就退缩	
分离焦虑	幼儿拒绝上幼儿园，虽然已经在幼儿园适应 1 个月以上，仍然不愿意去，在幼儿园哭闹不安	
忧郁	幼儿出现持续一段时间的、过分的不快乐，尚且不能用诸如有要求未满足等一般原因来解释	
暴怒	幼儿好发脾气，经常会在受到挫折后或有要求未满足时就又哭又闹	
多动	幼儿特别好动，注意力不集中，很难安静下来从事某项活动或玩耍。幼儿经常做怪相，如挤眉弄眼、摇头、摆头、耸肩、口中发出叫声等	
攻击	幼儿好攻击人，经常动手打人	
睡眠	幼儿睡眠有问题，经常从睡眠中醒转、做噩梦、惊醒等	
遗尿	幼儿 5 岁以后仍然经常尿床	
进食	幼儿进食习惯非常不好，有明显的偏食、厌食状况	
咬指甲	幼儿经常咬手指甲	
吮手指	幼儿经常吸吮手指	
摩擦	幼儿经常出现坐在椅子上或睡在床上，夹着双腿用力摩擦	
自闭	和外界没有联系，其他一些异常问题，请描述。比如异食癖、交往焦虑等	

（四）观察说明

根据观察表中所列行为表现观察见习、实习班级的幼儿表现，当观察到某个幼儿出现某类问题时，要连续观察或询问教师幼儿以前的情况，并观察教师对该幼儿的干预方法。也可以穿插班级观察，最后总结观察记录数据，写出观察报告。

（五）观察反思

幼儿心理问题有效干预的方法有哪些？

任务四　幼儿园膳食方面的观察

3～6 岁正处于幼儿生长发育的迅速时期，新陈代谢旺盛，大脑和神经系统发育迅速，骨骼处于不断骨化过程，各系统、各器官逐渐成熟和完善，在这一关键时期，尤其需要关注他们的膳食与健康。只有遵循幼儿生理特点和生长发育的规律，掌握幼儿的进食心理，制订相应的营养膳食计划，创造轻松愉快的进餐环境和氛围，才能使幼儿在平衡膳食中得到完善的营养，促进幼儿健康成长。

观察一　幼儿园一周膳食的观察与记录

“幼儿园膳食”工作非常重要，是保证幼儿身心健康的物质基础，也是衡量办园质量的重要指标之一。制定合理的“幼儿园带量食谱”，为幼儿提供“全面、平衡、适量”的膳食，是保证幼儿健康成长的一项重要措施。所谓带量食谱是指根据我国居民每日膳食中各种营养素和热量供给量标准，推算出提供给幼儿各种食物的用量，标记在食谱中，这种“先算了再吃”的做法是从根本上解决目前幼儿营养过剩或营养缺乏的重要举措，为幼儿提供合理的膳食是幼儿园及家庭的重要职责。

（一）观察目标

通过对幼儿园一日、一周食谱的观察、记录与分析，了解 3～6 岁幼儿膳食配制的原则和方法。

（二）观察内容

1. 幼儿园膳食安排的次数和时间。
2. 幼儿园一日食谱的观察与记录分析。
3. 幼儿园一周食谱的观察与记录分析。

(三)观察列表

表 1-12　幼儿园膳食安排的观察与记录分析表

观察幼儿园：________　　观察日期：________　　观察人员：________

观察项目	观察内容的处理
幼儿园膳食配制人员	记录：
幼儿园膳食次数和时间安排	记录：
3～6 岁幼儿平衡膳食宝塔	记录：
一日膳食安排	记录与分析：
一周膳食安排表	记录：
一周膳食的平衡	记录与分析：

(四)观察说明

1. 一般幼儿园应该有专门的膳食配制人员，根据幼儿每天需要的热量和能量，结合各种食物提供的能量和热量比计算出幼儿每天应该摄入的各种食物各多少克，再科学合理地分配到一日的“三餐一点”中。也可以直接根据 3～6 岁幼儿平衡膳食宝塔配制。

2. 一般幼儿园采用的“三餐两点”安排，也有幼儿园采用“三餐一点”安排幼儿一天的膳食次数。一般早餐在 7:00～8:00，午餐在 11:00～12:00，晚餐在 17:30～18:30，上、下午点心安排在 10:00 前后和 15:00 前后。

3. 一般幼儿园都有 3～6 岁幼儿平衡膳食宝塔图，可以直观地看到幼儿每日对各种食物的需要数量，见习、实习生观察后要记住。

4. 在幼儿园观察一日膳食安排，记录食物名称，根据各种食物的质量，计算各种食物提供的营养素。结合学龄前儿童各类食物每日推荐量计算表，分析各类食物需提供的多少和各类需食物营养平衡问题。

5. 观察幼儿园一周膳食表，记录在表中，对一周膳食安排进行分析，如一日三餐两点提供的热能是否大于平均推荐摄入量的 90%以上；三种产能营养素的供能比例是否合理？全天或者一周的能量和营养素的摄入是否适宜？食物种类是否做到了多样化和同类互换？各类食物的量是否充足？等等。

(五)观察反思

学习为 3～6 岁幼儿编制一周带量食谱。

(六)附录

表 1-13　幼儿园一周带量食谱实例(1)

类别＼星期	一	二	三	四	五
早餐	牛奶、面包(牛奶 130 克、面包 30 克)	豆浆、鸡蛋(豆浆 130 克、鸡蛋 30 克)	小米粥、油馕(小米粥 130 克、油馕 30 克)	牛奶稀饭、蛋糕(牛奶稀饭 130 克、蛋糕 30 克)	玉米粥、饼干(玉米粥 130 克、饼干 30 克)
午餐	羊肉抓饭(大米 80 克、羊肉 30 克、胡萝卜 40 克、清油 15 克、洋葱少许)	羊肉臊子面(面粉 30 克、羊肉 10 克、胡萝卜 20 克、青萝卜 20 克、清油 10 克香菜，葱、蒜少许)	肉炒胡萝卜、米饭(米 80 克、胡萝卜 40 克、羊肉 20 克、清油 5 克，葱、蒜少许)	菜包子、小米稀饭(面粉 30 克、菜 30 克、羊肉 10 克、清油 5 克、小米粥 100 克、洋葱少许)	素抓饭(大米 80 克、胡萝卜 60 克、清油 10 克、洋葱少许)
午点	火腿肠	苹果	饼干	橘子	香蕉
晚餐	蜻蜓面(面粉 70 克、羊肉 10 克、青萝卜和胡萝卜各 10 克、小白菜 10 克、清油 5 克，香菜、葱少许)	土豆烧牛肉、烤饼(面粉 30 克、牛肉 10 克、土豆 40 克、面粉 60 克、清油 10 克，葱、蒜少许)	冬瓜海带汤、花卷(冬瓜 80 克、羊肉 10 克、海带 40 克、清油 5 克，香菜、葱少许)	蝴蝶面(面粉 80 克、羊肉 10 克、青萝卜和胡萝卜各 10 克、小白菜 10 克，香菜、葱少许)	骨头汤馍馍(面粉 30 克、西红柿 5 克、羊肉 5 克，香菜、葱少许)

注：(1)食物摄入量为每个幼儿每餐的摄入量。

(2)食堂工作人员根据食谱中食物所需量进行加工。

(3)每名幼儿每日营养摄入量：蛋白质 25.1 克、脂肪 24 克、热量 849.3 千卡、钙 181.3 毫克。

表 1-14　幼儿园一周带量食谱实例(2)

类别＼星期	一	二	三	四	五
早餐	牛奶、烤饼(牛奶 130 克、烤饼 30 克)	玉米粥、饼干(玉米粥 130 克、饼干 30 克)	豆浆、鸡蛋(豆浆 130 克、鸡蛋 30 克)	牛奶稀饭、蛋糕(牛奶稀饭 130 克、蛋糕 30 克)	小米粥、油馕(小米粥 130 克、油馕 30 克)
午餐	羊肉抓饭(大米 80 克、羊肉 30 克、胡萝卜 40 克、清油 15 克、洋葱少许)	菜包子、八宝粥(面粉 30 克、菜 30 克、羊肉 10 克、清油 5 克、八宝粥 100 克，蒜、葱少许)	莲花白炒肉米饭(大米 70 克、莲花白 60 克、羊肉 20 克、香油 5 克，葱、蒜少许)	炸酱面(面粉 30 克、豆瓣酱少许、青萝卜 5 克、胡萝卜 10 克、羊肉 5 克，香菜、葱、蒜少许)	米饭、炒鸡块(大米 80 克、鸡块 60 克、清油 10 克、土豆 30 克、洋葱少许)

续表

星期 类别	一	二	三	四	五
午点	橘子	香蕉	饼干	苹果	香肠
晚餐	西湖牛肉羹、油塔(面粉 40 克、清油 10 克、牛肉羹 130 克，香菜、葱少许)	肉丝面(面粉 30 克、青萝卜 5 克、胡萝卜 10 克、羊肉 5 克，香菜、葱少许)	紫菜、蛋花汤、花卷(面粉 40 克、紫菜 40 克、鸡蛋 30 克、清油 5 克，香菜、葱少许)	白菜粉条炒肉、烤饼(面粉 40 克、大白菜 40 克、粉条 20 克、羊肉 10 克，葱、蒜少许)	蝴蝶面(面粉 80 克、羊肉 10 克、青萝卜 10 克、胡萝卜 10 克、羊肉 10 克、小白菜 10 克，香菜、葱少许)

注：(1)食物摄入量为每个幼儿每餐的摄入量。

(2)食堂工作人员根据食谱中食物所需量进行加工。

(3)每位幼儿每日营养摄入量：蛋白质 26 克、脂肪 24 克、热量 850 千卡、钙 180 毫克、铁 9 毫克。

各类适宜的早、中、晚餐食物如下。

适宜的早餐食物：全麦馒头、全麦面包、燕麦粥、豆沙包、花卷、菜包、鲜肉包、鸡蛋饼、鸡蛋、南瓜饼、煮鸡蛋、八宝粥、黑米粥、豆浆、牛奶、蛋、菜粥等。

适宜的上午点：苹果、橘子、小西红柿、梨、香蕉、牛奶、豆浆等。

适宜的午餐菜类：

①荤菜类：土豆炒肉丝、花菜炒肉丝、西红柿炒鸡蛋、土豆丁烧鸡、木耳炒肉丝、韭菜炒鸡蛋、蘑菇炒鸡蛋、木耳炒鸡蛋、肉末茄子、豆皮炒肉丝、肉末蒸鸡蛋羹、胡萝卜烧肉、香菇肉丝、爆炒猪肝等。

②素菜类：韭菜豆皮、猪血烧豆腐、蘑菇白菜、芹菜豆皮、韭菜豆芽、菠菜豆皮、鲜蘑豆腐等。

③菜汤类：西红柿鸡蛋汤、紫菜鸡蛋汤、虾皮白菜汤、猪肝汤、三鲜汤等。

④炖汤类：排骨炖黄豆、排骨炖萝卜、鸡炖冬瓜、排骨炖藕、排骨炖海带等。

适合下午点的食品：山楂片、芝麻糖、花生酥、强化钙饼干、酸奶、香蕉、橘子、梨、苹果等。

(六)扫一扫，看微课

观察二　幼儿进餐情况的观察与记录

对于3～6岁幼儿，在供给其生长发育所需要的足够营养的基础上，帮助其建立良好的饮食习惯，如不挑食、不偏食、定时定量、独立用餐、专心进食、饭前洗手、饭后漱口等，这些也是幼儿园工作的一项重要内容。

(一)观察目标

通过对幼儿进餐情况的观察，了解幼儿进餐习惯的养成情况，以及个别幼儿在进餐中的问题，并了解教师对进餐习惯不好幼儿的干预方法。

(二)观察内容

1. 幼儿进餐的环境氛围。
2. 班级幼儿的进餐习惯。
3. 个别幼儿在进餐中的问题。

(三)观察列表

表1-15　幼儿进餐习惯的观察与记录

观察幼儿班级：________　观察日期：________　观察人员：________

项目	观察内容	教师干预	记录
进餐环境	总体进餐环境是否相对安静、有序		
	进餐环境是否愉快		
	幼儿对膳食是否喜欢		
个别幼儿的进餐问题	幼儿不能专心进餐，在教室内游走、玩或者坐在餐桌前左顾右盼		
	幼儿不会使用餐具，左手拿勺子或者用手抓着勺子进餐		
	幼儿不会一口饭配一口菜吃饭，饭和菜分开吃		
	幼儿有挑食和偏食问题		
	幼儿不愿进餐		
	幼儿面对食物食欲不振		
	幼儿边吃边说笑打闹		
	幼儿有剩饭问题		
	幼儿不能做到“四净”		
	进餐结束，幼儿不收拾餐具		
	其他问题		

表 1-16 幼儿在园进餐习惯观察与分析

幼儿班级：________ 幼儿人数：________ 观察时间：________ 观察人员：________

项目	内容	幼儿表现(人次)			
		☺	√	△	×
进餐前	1. 餐前能主动地正确洗手，用自己的毛巾擦手，并不再乱摸其他东西，能保持手的清洁				
	2. 能安静等待就餐，不大声喧哗				
进餐时	1. 用餐姿势正确，如坐姿正确，左手扶碗，右手拿勺，胸部靠近桌子				
	2. 会正确使用小勺或者筷子，做到不发出很响的声音，安静进餐				
	3. 在吃饭时，会细嚼慢咽，做到一口饭，一口菜，吃完自己的一份饭菜				
	4. 能做到不掉米粒、不剩饭，基本保持桌面和衣服的整洁				
	5. 能做到不挑食				
	6. 能不吃掉在桌子上的饭菜				
	7. 能主动要求喝汤				
	8. 能把骨、刺和壳放在餐盘中				
	9. 用餐时间能控制在 30 分钟左右				
进餐后	1. 主动的先漱口后擦嘴				
	2. 能收拾自己的餐具，轻轻地摆放				
	3. 用完餐能端着小椅子，在指定的位置坐下休息等待，不剧烈运动				
	4. 能安静有序地跟随教师做餐后散步				
情况分析及改进措施					

备注：1. ☺做得非常好；2. √基本能做到；3. △在教师或者同伴提醒下能做到；4. ×做不到。

(四)观察说明

1. 选择大、中、小三个幼儿班级，观察这三个班级幼儿在进午餐时的表现，连续观察一周，做好观察记录。

2. 幼儿进餐时，教师要创造一个愉快的氛围，使幼儿享受进餐过程，切不能呵斥、唠叨不停、强迫幼儿进食，给幼儿造成进餐压力。

3. 教师要善于观察，发现幼儿进餐中的个别问题，并针对不同的问题，进行不同的干预。不会使用餐具、不会吃饭、不会收拾餐具的幼儿要个别指导，坚持指导；不能做到“四净”、忘记收拾餐具的幼儿可以集体提醒；不愿进餐的幼儿可以劝解但不能强迫；边吃边玩、边说笑打闹的幼儿要温和地制止等，小班和中班教师多指导，大班教师少指导，让幼儿学会进餐，养成良好的进餐习惯。

4. 用扫描法对全班幼儿的进餐习惯进行观察，对每个内容给出评定的等级，最后做出总体评价意见。

(五)观察反思

养成幼儿良好的进餐习惯的策略和方法有哪些?

任务五　幼儿园卫生保健制度的调查

一切为保证幼儿身心正常发育和健康成长而实施的各项措施都成为卫生保健工作。卫生保健工作在幼儿园工作中具有非常重要的意义，它是实现托幼机构教育目标和管理目标的重要方面，是促进儿童身心和谐发展的保障。国家十分重视托幼机构的卫生保健工作。2010 年，教育部、卫生部联合发布了《托儿所幼儿园卫生保健管理办法》。2012 年，卫生部又发布了《托儿所幼儿园卫生保健工作规程》。幼儿园的卫生保健制度建设包括建立合理的一日生活作息制度，建立健康检查制度、膳食制度、消毒隔离制度等。

调　查　幼儿卫生保健制度的调查

幼儿园卫生保健工作是保障幼儿健康成长，加强幼儿园管理、保障幼儿园质量的重要内容。幼儿园是儿童集体生活的场所，是易感人群集中的地方，保护儿童健康成长，是首要任务，卫生保健工作贯彻以预防为主的方针，为集体儿童创造良好的生活环境。建立生活制度，加强生活护理；重视膳食管理，提供平衡膳食，预防各种营养性疾病……

(一)调查目标

通过调查相关人员和自己的观察，了解幼儿园的各种卫生制度建设情况，并了解利用卫生保健制度的贯彻情况。

(二)调查内容

1. 观察(调查)幼儿园建立的卫生保健制度。

2. 卫生保健制度的贯彻情况。

3. 园长对幼儿保健制度的重视情况。

(三)调查列表

表 1-17　幼儿园卫生保健制度调查

幼儿园：________　　调查(观察)日期：________　　调查(观察)人员：________

制度	建立情况	贯彻情况
一日生活制度		
膳食管理制度		
体格锻炼制度		
卫生消毒制度		
入园及定期健康检查制度		
传染病预防与控制制度		
伤害预防制度		
健康教育制度		
卫生保健信息收集制度		
家长联系制度		
安全制度		
其他		

备注：建立情况填“有”或“无”、建立时间等，贯彻情况要看贯彻记录、相关资料。

(四)调查说明

1. 一日生活制度。合理安排作息时间和睡眠、进餐、大小便、活动、游戏等生活环节的时间、顺序和次数等，注意动静结合、集体活动和自由活动相结合、室内活动与室外活动相结合、不同形式的活动相结合等。进而还可以调查幼儿园班级的一周安排、学期安排计划等。

2. 幼儿园有饮食管理和饮食卫生制度。厨房应当取得“餐饮服务许可证”以及健全的食品安全管理制度；幼儿园生活用水符合“生活饮用水卫生标准”；厨房工作人员应该持有“健康合格证”；幼儿膳食有专门的膳食管理委员会，并有家长代表参与。厨房的卫生、用具、食物采买、烹饪过程等都有相关规定或制度。

3. 体格锻炼制度。幼儿园利用日光、空气、水等自然条件，组织幼儿开展适宜的户外活动，结合日常生活护理，以促进幼儿生长发育的规定。体格锻炼制度要循序渐进，活动项目和活动量适合幼儿年龄特点，锻炼时对体弱幼儿予以关心和照顾。

4. 卫生消毒和健康检查制度。卫生消毒有环境卫生消毒，餐具消毒，水果消毒，被褥、衣物、寝室消毒，玩具、图书消毒，空气消毒，等等。健康检查制度有新入园的体检、学期中的定期检查和每日的晨、午检。

5. 预防疾病制度。贯彻以预防为主的方针，搞好环境卫生，做好经常性的疾病预防工作，要求按年龄和季节完成预防接种工作，及时了解有关传染病的疫情，做好预防，坚持锻炼，提高疾病抵抗力等。

6. 保健室、隔离室或隔离床。用于隔离患病幼儿、疑似患病幼儿等。

7. 环境卫生制度。要求幼儿教师每天对幼儿园教室的地面、桌椅、橱柜、盥洗室、厕所、玩具用品等进行清洁打扫，并且注意室内与室外卫生。

8. 健康教育。内容包括膳食营养、心理卫生、疾病预防、儿童安全以及良好行为习惯的培养等，定期或不定期对园内工作人员、家长等进行相关内容的讲座和宣传，并形成制度化。

9. 信息收集制度。建立健全各种记录、登记、统计制度，如幼儿出勤、传染病登记、晨午检记录、健康检查等，并保留信息。

10. 安全制度。在各种活动中，保教人员都应该首先注意儿童安全，要防止各种意外，要注意用药安全，建立家长接送制度等。

11. 建立家园联系。幼儿园和家庭应该建立家园联系，在幼儿园开展家园联系专栏、安排家长讲座、定期召开家长会等，加强幼儿园和家长的沟通和联系。

(五)调查反思

1. 幼儿园卫生保健制度的意义是什么?

2. 利用收集的信息资料对某制度的贯彻情况做出评价分析。

观察一　幼儿园意外伤害事故的观察

3～6岁的幼儿各个器官和组织还不成熟，平衡性、协调性较差，反应不灵敏，缺乏自我保护的意识和能力，安全意识非常淡薄，容易造成意外伤害。这对幼儿园及幼儿教师的安全工作提出了更高的要求，幼儿园要时刻注意幼儿方方面面的安全情况，把保证幼儿的生命和促进幼儿的健康放在首位。预防和避免意外伤害事故发生是每一所幼儿园的重要任务，也是每一位幼教工作者的职责所在。

(一)观察目标

通过观察，了解幼儿在园中的意外伤害事故发生情况，从而了解一些意外伤害事故的防范措施。

(二)观察内容

1. 观察(调查)了解幼儿园发生的意外伤害事故情况。

2. 幼儿园对意外伤害事故所采用的防范措施。

(三)观察(调查)列表

表 1-18　幼儿园意外伤害事故的观察(调查)情况

幼儿园：________　　　　　　　　　　　　幼儿班级：________

观察(调查)日期：________　　　　　　　　观察(调查)人员：________

意外伤害事故	简单描述和记录	次数
1. 摔伤和碰伤	如从窗台或小椅子上摔伤，从跷跷板或其他器械上跌落，碰到墙角等	
2. 五官或其他器官进入异物(眼、耳、呼吸道、鼻等的异物)	如把瓜子塞进鼻子、小虫子飞进眼睛、吃鱼被鱼刺卡住等	
3. 烧伤、烫伤	幼儿撞到教师刚打的热水桶被烫伤等	
4. 被尖锐利器所伤	如拿铅笔扎了自己或另一位小朋友的脸、手等	
5. 被钝器伤害	篮球、锤子、沙包打到眼等	
5. 脱臼	两个小朋友互相牵扯而脱臼、撞伤脱臼等	
6. 误服药物或其他有害物	吃了成人的药物、喝了清洗剂等	
7. 触电	将小手往插座孔里插造成触电等	
8. 鼻子出血	碰破鼻子或者抠挖鼻子等	
9. 休克、晕厥	高处摔落休克、撞伤倒地晕厥等	
10. 卡住身体或手指	钻栏杆卡住身体，把手指往洞洞里伸卡住手指等	
其他		

备注：在观察到意外发生时，要及时通报求助教师协助救助。

(四)观察说明

1. 在见习与实习幼儿园各选一个小、中、大班作为观察(调查)对象，持续观察一周，或向教师调查幼儿在园发生的意外伤害事故情况，记录收集，写出观察报告。

2. 当观察到意外伤害发生时，要及时通报教师并协助处理，事后再做记录和描述。

3. 在伤害事故发生后，观察教师能否及时进行安全教育。

4. 在一日生活各环节，观察教师能否进行安全教育渗透。

5. 观察在意外伤害发生后，教师的反应，教师能否做急救处理。

6. 孩子在幼儿园发生意外，观察教师是否和家长沟通，怎样沟通。

7. 观察教师在一日生活各环节，是否总在关注幼儿的安全。

8. 对小、中、大三个幼儿班的意外伤害事故做出观察报告。

(五)观察反思

1. 幼儿园有哪些防治意外发生的措施和方法？

2. 幼儿园意外伤害发生后，如何与家长沟通？

(六)附录

表 1-19 幼儿园儿童伤害登记表

年 月 日

姓名： 性别： 年龄： 班级：	
伤害发生日期：______年______月______日 伤害发生时间：________(用 24 小时计时法)	
当班责任人： 填表人：	
伤害类型： 1. 交通事故 2. 跌伤(跌、摔、滑、拌) 3. 被下落物击中(高处落下物体) 4. 锐器伤(刺、割、扎、滑) 5. 钝器伤(碰、砸) 6. 烧烫伤(火焰、高温固/液体、化学物质、锅炉、烟火、爆竹炸伤) 7. 溺水(经医护人员救治存活) 8. 动物伤害(狗、猫、蛇等咬伤，蜜蜂、黄蜂等刺蛰) 9. 窒息(异物，压、闷、捂窒息，鱼刺/骨头卡喉) 10. 中毒(药品、化学物品、一氧化碳等有毒气体，农药、鼠药、杀虫剂，腐败变质食物除外) 11. 电击伤(触电、雷电) 12. 其他伤/攻击伤	
伤害发生地点： 1. 户外活动场所 2. 活动室 3. 寝室 4. 卫生间 5. 盥洗室 6. 其他(请说明________________)	
伤害发生时活动： 1. 玩耍娱乐 2. 吃饭 3. 睡觉 4. 如厕 5. 洗澡 6. 行走 7. 乘车 8. 其他(请说明________________) 9. 不知道	

续表

伤害发生时和谁在一起： 1. 独自一人 2. 教师 3. 小伙伴 4. 其他(请说明＿＿＿＿＿＿＿＿＿＿) 5. 不知道
伤害后处理方式(最后处理方式)： 1. 自行处理(保健人员)且未再就诊 2. 医疗卫生机构就诊 3. 其他(请说明＿＿＿＿＿＿＿＿＿＿)
如果就诊，诊断是：＿＿＿＿＿＿＿＿＿＿
因伤害休息多长时间(包括节日、假期及周末)：＿＿＿＿天
转归：1. 痊愈　2. 好转　3. 残疾　4. 死亡
简述伤害发生经过(对损伤过程做综合描述)：

(七)扫一扫，看微课

观察二　幼儿园安全教育的观察

幼儿的安全是幼儿园工作的重中之重，在幼儿的周围或者幼儿园的工作中都存在着安全隐患，而3～6岁的幼儿，自我保护能力有限，安全意识非常淡薄，容易造成安全伤害。这就需要幼儿园加强安全教育，防微杜渐，把对幼儿的伤害降到最低。

(一)观察目标

通过观察(调查)，了解幼儿园对幼儿进行安全教育的情况。

(二)观察内容

1. 幼儿教师在一日生活中的安全教育。
2. 教师进行安全教育的方式。

(三)观察(调查)列表

表 1-20　幼儿园安全教育观察

幼儿园：________　　　　　　　　　　　　幼儿班级：________

观察(调查)日期：________　　　　　　　　观察(调查)人员：________

环节	安全教育的内容	安全教育的渠道	方式(正面、负面)	次数
入园				
晨检				
早餐				
早操				
教学活动				
游戏活动				
生活活动				
户外活动				
午餐				
午睡				
下午点心				
活动				
离园				

备注：在观察到意外发生时，要及时通报教师协助救助。

(四)观察说明

1. 观察(调查)对象：选择一个幼儿班级，持续观察一周、观察教师进行安全教育的环节、渠道、方式等，记录收集，写出观察报告。

2. 入园中的安全教育，和幼儿打过招呼后，提醒幼儿小心走到教师或座位上，或绕过小椅子坐好等；晨检中提醒幼儿保持不动，不要摔倒等。

3. 早餐、午餐中提醒幼儿坐直，离热粥远一点不要烫着，进餐小心噎住、呛着，小心滑倒、摔倒，不要打闹等。

4. 早操提醒幼儿保持距离、不要拥挤、推搡等。

5. 游戏中提醒幼儿保持距离，小手搭肩，跑得不要太快，室内不要冲撞等。户外活动嘱咐幼儿不能随意乱跑，不能推搡，不能抢夺游戏器材和材料，从滑梯滑下要握好扶手、看下面有没有小朋友等。

6. 生活活动中提醒幼儿注意地面湿滑，注意障碍物阻路，喝水不要太急太快，不要站在窗台，走路要靠一侧，不能拥挤等。

7. 午睡检查孩子头上、身上是否有尖锐的东西、小粒东西等。

8. 离园时嘱咐幼儿路上、在家注意安全，注意保暖等。

9. 观察正面、负面提醒有没有效果的不同等。

(五)观察反思

1. 幼儿教师是否重视一日生活中的安全教育?

2. 幼儿园安全教育如何实施更有效?

幼儿卫生保健工作是幼儿园工作的重要内容，也是保教人员所必须掌握的核心内容之一，保健工作贯穿了幼教工作的始终，在幼儿园的整个活动过程中都有体现，幼教工作是一件烦琐而又辛苦的事情，需要幼教工作者耐心、细心、爱心、责任心并重。我们要了解幼儿的生理、心理特点，掌握幼儿的年龄特点、性格差异。当一名好幼教不容易，在见习与实习中，我们要主动去思考，如何使自己学到的理论知识运用到实践中去，更好地理论联系实际，多观察、勤思考、多动脑、多向指导教师请教。幼儿园的任何一个角落，任何一个孩子，每个指导教师，每个班级都是有自己的特点、特色，每个细微的地方都是我们学习的对象。活动时间的把握、各环节的衔接、幼儿情绪的变化、课堂秩序的维持等不确定的因素，这些对教师的教育教学、组织能力和控制能力提出了更高的要求，如果我们用谦虚的态度仔细观察，揣摩学习，就一定能得到发展和提高。

(六)扫一扫，看微课

第二部分　幼儿心理发展

任务一　幼儿身体动作观察

幼儿身体与动作发育是指幼儿身体组织、器官的结构与功能从简单到复杂，从低级到高级的分化演变过程和机体多种运动技能的发展过程，它们的发展有其自身的规律，同时呈现一定的个体差异性、程序性、波浪性等特点，还比较严格地受到时间、环境、营养等因素制约，所以发现和认识幼儿身体动作的发育及发展规律和顺序性，能提供更多帮助幼儿练习动作的机会，解决更多幼儿身体发育与动作发展过程中出现的问题，从而逐步完善和促进其动作水平和机能，并最终促进幼儿健康发展。

观　察　幼儿粗大、精细动作观察

(一)观察目标

1. 能够了解粗大动作与精细动作的主要内容。
2. 能够进行幼儿动作发展的描述性观察记录。
3. 能够对 3～6 岁儿童的粗大动作与精细动作进行观察评定。

(二)观察内容

幼儿粗大动作与精细动作的发展情况。

(三)观察列表

表 2-1 幼儿粗大、精细动作观察记录

观察幼儿园：________ 观察班级：________

观察日期：________ 观察人员：________

项目 \ 内容		具体表现
粗大动作	平衡能力（走 / 跑）	
	跳跃能力	
	借助器械运动的能力	
	投掷能力	
精细动作	穿衣能力	
	饮食能力	
	手指力量	
	手工能力	

(四)观察说明

幼儿身体发育是按照一个可以预期的顺序进行的，并比较严格地受到时间的制约。身体发育则是指组织、器官的结构与功能从简单到复杂，从低级到高级的分化演变过程。

1. 幼儿身体发育的规律

幼儿生长发育规律即大多数正常幼儿在生长发育过程中所表现出来的一般规律。具体如下：

(1)幼儿身体发育是连续性和阶段性的统一；

(2)幼儿身体发育的速度呈现波浪式；

(3)幼儿身体发育具有程序性；

(4)幼儿各系统的发育不均衡但又统一协调；

(5)幼儿生长发育具有个体差异。

2. 幼儿身体发育的特点

幼儿身体发育具体有以下几个特点：

(1)身长中心点随着年龄的增长下移；

(2)体围发育的顺序是由上而下，由中心到末梢；

(3)幼儿各器官系统的发育不平衡，有先后快慢的差别。

3. 幼儿动作发展的规律

(1)从上到下，头尾律。

儿童动作发展中身体上部的发展先于身体下部的发展。从头部到尾部，从上肢到下肢逐渐发展。

(2)从大到小。

儿童最初发展起来的是与大肌肉相联系的动作，逐渐发展到与小肌肉相联系的动作。如手的动作的发展，先发展的是与手臂大肌肉相联系的伸臂，之后逐渐发展起来与手指小肌肉相联系的抓、握、拿等动作。

(3)从简单到复杂。

儿童最初的动作是身体个别部分的简单动作，如伸伸手、踢踢脚、转头等，逐渐发展到同时转头、伸手、手眼协调地拿取物体，进一步发展到能从事由多种动作组成的游戏活动。

(4)从无意到有意。

儿童动作发展的方向越来越多地受心理、意识支配，动作发展的规律也遵循儿童心理发展的规律——从无意向有意发展的趋势。

(五)观察反思

1. 结合实际观察，总结幼儿身体动作发展的基本规律。
2. 根据幼儿身体动作发展的特点，思考如何能够在教育活动中应用。

(六)扫一扫，看微课

任务二　幼儿认知发展观察

幼儿的认知发展是指幼儿期获取知识的过程，包括感知觉、记忆、想象、思维等发展过程。其中，注意作为意识或心理活动某种时刻所处的状态，虽不是独立的心理过程，却在人的心理活动中处于非常重要的地位。人的感知觉、记忆、思维等心理活动过程都离不开注意的参与。

观察一　幼儿感知力发展

感知觉是人认识世界的开端，是幼儿心理发展过程中最早出现的认知过程，为认知过程的进一步发展奠定了基础。

(一)观察目标

了解幼儿感知觉的发展过程及其特点，掌握培养幼儿观察力的方法。

(二)观察内容

幼儿感知力发展情况。

(三)观察列表

表 2-2　幼儿感知力发展观察记录

观察幼儿园：________　　　　观察班级：________
观察日期：________　　　　观察人员：________

类别	基本内容	具体表现
颜色视觉	能辨认基本色(红、橙、黄、绿、蓝)(　)	
	能辨认基本色、近似色(　)	
	能辨认混合色和近似色，画画时能调出需要的颜色(　)	
形状知觉	能辨别圆形、正方形、三角形、长方形(　)	
	掌握半圆形、梯形(　)	
	能认识椭圆形、菱形、五角形、六角形(　)	
方位知觉	能辨别上、下方位(　)	
	能辨别前、后方位(　)	
	能辨别左、右(以自身为中心)(　)	
	能正确辨别上下、前后，但以别人为基准辨别左右仍困难(　)	
距离知觉	能理解近物大、远物小，近物清晰、远物模糊(　)	
	能正确判断所观察对象的位置，画画时能正确表现距离、位置、大小(　)	
时间知觉	能理解一日的早、中、晚(　)	
	能理解昨天、今天、明天(　)	
	能辨别大前天、前天、后天、大后天；分清上午、下午(　)	
	能感知一周内的时序，认识一年四季的时序；学会看钟表(　)	
	难以分清更短或更远的时间，如从前、马上(　)	
观察力	不能接受任务，东张西望，或只看一处，或随意乱指(　)	
	能根据任务有目的地观察，但遇到困难或干扰不能克服，不愿坚持(　)	
	能根据观察任务有目的地克服困难和干扰，坚持细致观察(　)	
	观察持续时间(　)	
	观察细致程度(笼统、细致)	
	观察概括性程度(认识个别现象阶段、认识空间联系阶段、认识因果联系阶段、认识对象总体阶段)	

(四)观察说明

1. 视敏度：分辨细小物体或远距离物体细微部分的能力，即幼儿的视力发展情况。

2. 颜色视觉：区别颜色细微差异的能力，又称辨色力，如幼儿能够辨认基本色，说出颜色的正确名称，区别混合色和近似色。

3. 形状知觉：幼儿对物体形状的感知能力。通过让幼儿用眼或手辨别不同几何图形发现，很小的婴儿就已经能分辨不同的形状，而且具有视觉偏好。

4. 大小知觉：对物体大小的知觉。

5. 方位知觉：对自身或物体所处空间位置的知觉，如辨别上下、前后、左右、东西南北中。

6. 距离知觉：辨别物体远近的知觉。

7. 时间知觉：对客观现象的延续性、顺序性和速度的反映，依靠具体生活事件、钟表、日历来认识时间。

8. 观察力：分辨事物细节的能力。

(五)观察反思

1. 结合实际观察，思考幼儿掌握形状由易到难的顺序。

2. 幼儿时间知觉的特点。

3. 依据幼儿观察力的特点，思考培养幼儿观察力的策略。

(六)扫一扫，看微课

观察二　幼儿注意力发展

注意是心理活动对一定对象的指向和集中，贯穿于一切心理活动的始终，是一切心理过程的共同特性，它对幼儿的心理发展具有重要作用。

(一)观察目标

1. 掌握幼儿注意发展的规律。

2. 掌握防止幼儿注意分散的措施。

(二)观察内容

1. 幼儿注意的分类。

2. 幼儿注意的品质。

3. 幼儿注意分散的原因及防止措施。

(三)观察列表

表 2-3 幼儿注意力发展观察记录

观察幼儿园：________　　　　观察班级：________

观察日期：________　　　　观察人员：________

<table>
<tr><th>类别</th><th colspan="2">基本内容</th><th>具体表现</th></tr>
<tr><td rowspan="3">无意注意</td><td colspan="2">由新异、强烈及活动多变的事物引起，稳定性差（ ）</td><td rowspan="3"></td></tr>
<tr><td colspan="2">注意范围广，对感兴趣的活动保持时间长，集中程度高（ ）</td></tr>
<tr><td colspan="2">对感兴趣的活动保持时间更长，开始指向事物的内在联系和因果关系</td></tr>
<tr><td rowspan="7">有意注意</td><td rowspan="3">保持时间</td><td>小班（　　　　）</td><td rowspan="7"></td></tr>
<tr><td>中班（　　　　）</td></tr>
<tr><td>大班（　　　　）</td></tr>
<tr><td rowspan="4">教育策略</td><td>明确活动目的和任务</td></tr>
<tr><td>活动中对幼儿提出要求</td></tr>
<tr><td>让幼儿参与活动</td></tr>
<tr><td>用语言引领幼儿</td></tr>
<tr><td rowspan="10">注意的品质</td><td rowspan="3">注意的稳定性</td><td>注意对象新鲜、独特、生动有趣</td><td rowspan="3"></td></tr>
<tr><td>注意对象单调、普通、无变化</td></tr>
<tr><td>在游戏条件下与在枯燥活动条件下注意持续时间</td></tr>
<tr><td rowspan="3">注意的转移</td><td>前一种活动注意紧张度高</td><td rowspan="3"></td></tr>
<tr><td>对前一种活动特别感兴趣</td></tr>
<tr><td>两种活动没什么内在联系</td></tr>
<tr><td rowspan="2">注意的广度</td><td>注意对象集中排列且有规律</td><td rowspan="2"></td></tr>
<tr><td>具有相关知识经验</td></tr>
<tr><td rowspan="2">注意的分配</td><td>同时进行的两种活动中至少有一种非常熟练</td><td rowspan="2"></td></tr>
<tr><td>两种活动之间能建立起紧密联系</td></tr>
<tr><td rowspan="5">注意的分散</td><td rowspan="3">原因</td><td>无关刺激的干扰（ ）</td><td rowspan="3"></td></tr>
<tr><td>疲劳（ ）</td></tr>
<tr><td>缺乏兴趣和必要的情感支持（ ）</td></tr>
<tr><td colspan="2">一堂课中注意分散的次数（ ）</td><td></td></tr>
<tr><td colspan="2">一堂课中教师的处理方法</td><td></td></tr>
</table>

(四)观察说明

表 2-4　幼儿无意注意与有意注意的区别

类别	无意注意	有意注意
目的性	无	有
意志努力	不需要	需要
幼儿注意的特点	无意注意占优势	有意注意初步发展
如何调动和维持幼儿的注意	1. 刺激物本身的特点(强度、新异性、对比关系、变化多动)仍是引起幼儿无意注意的主要因素 2. 与幼儿的兴趣、需要、经验密切相关的事物，逐渐成为引起幼儿无意注意的原因	1. 在成人的要求下发展，需要成人的指导 2. 幼儿逐渐学习一些有意注意的方法 3. 幼儿的有意注意是在一定的活动中实现的，应让注意对象成为幼儿的直接行动对象
局限性	难以持久	枯燥、乏味，易疲劳
有效的活动	两种注意相互配合，交替进行；智力活动与实际操作相结合	

表 2-5　幼儿注意品质的释义和培养

品质 内容	注意的广度	注意的稳定性	注意的转移	注意的分配
含义	在单位时间内所把握的对象的数量，也叫注意的范围	注意集中于同一对象或同一活动中所能持续时间的长短	自觉地调动注意，使之从一个对象转换到另一个对象上	在同一时间内把注意集中到两种或两种以上不同的活动上
教育措施	所使用的教具、图片等一次不能呈现太多；要考虑注意对象的特点，排列要有规律；要符合幼儿的知识经验	小、中、大班教育活动时间应长短有别；集中活动时间不宜过长；活动内容与形式要多样化，智力活动与实际操作相结合	根据幼儿的年龄和心理特点，注重运用有效的策略，让幼儿在愉快接受的同时，不露痕迹地投入于另一个活动中去	在开展活动前，让幼儿熟悉活动的一些环节或某一部分；帮助幼儿掌握一些熟练的动作或技能，尽可能为幼儿安排多种感官参与的活动
影响因素	注意对象本身的特点；幼儿自身的状态			

由于身心发展水平的限制，一般来说，幼儿还不善于控制自己的注意，倘若再加上教育上的疏忽失当，就很容易出现注意分散及分心现象。为了防止幼儿注意分散，应该了解引起分心的原因，对症下药，采取相应的措施加以预防。

幼儿注意分散的原因及防止措施：

1. 无关刺激过多	→防止无关刺激的干扰
2. 疲劳	→制定合理作息制度
3. 缺乏兴趣和情感支持	→根据幼儿的兴趣和需要组织活动
4. 注意不善于转移	→培养良好注意习惯
5. 两种注意没有并用	→灵活交互使用

(五)观察反思

1. 结合实际观察，思考幼儿注意分散的原因及防治措施。
2. 幼儿注意发展的策略有哪些？

观察三　幼儿思维力发展

思维是人类所具有的一种高级心理现象，思维的过程是人们运用概念、判断和推理等形式对外界信息进行分析与综合、比较与分类、抽象与概括的过程。思维的发生标志着幼儿认识水平的提高，思维的发生促进了幼儿情感意志和社会性行为的发展。

(一)观察目标

1. 掌握思维的概念及种类。
2. 了解思维的基本形式及基本过程。
3. 掌握幼儿思维的发展趋势与特点。

(二)观察内容

1. 幼儿思维发展特点。
2. 教师针对幼儿思维特点的具体指导方式。

(三)观察列表

表 2-6　幼儿思维力发展观察记录

观察幼儿园：________　　　　观察班级：________

观察日期：________　　　　观察人员：________

类别	基本内容		具体表现
概念掌握	方法	分类法(　)　排除法(　) 解释法(　)　守恒法(　)	
	特点	以具体实物概念为主	
		借助熟悉的抽象概念理解新的具体概念	
		掌握概念名称容易，真正掌握概念困难	
	数概念	口头数数阶段(　)	
		给物数数阶段(　)	
		按数取物阶段(　)	
		数概念掌握阶段(　)	

续表

类别	基本内容		具体表现
判断能力	以直接判断为主，间接判断开始出现		
	判断内容深入化		
	判断根据客观化		
	判断论据明确化		
推理能力	特点	抽象概括性差(　) 逻辑性差(　)自觉性差(　)	
	类型	归纳推理(　)	
		演绎推理(　)	
		转导推理(　)	
		类比推理(　)	

(四)观察说明

1. 思维的概念

思维是人脑对客观事物间接的、概括的反映，是借助语言和言语解释事物本质特征和内部规律的认知活动。

2. 思维的分类

(1)根据思维凭借事物的不同来划分，可分为动作思维、形象思维、抽象思维。

动作思维是指通过实际操作解决问题的思维活动。形象思维是指运用事物的具体形象、表象以及对表象的联想来解决问题的思维活动。抽象思维是指运用抽象的符号或符号的逻辑关系来解决问题的思维活动。

(2)根据思维探索方向的不同划分，可分为发散思维和集中思维。

发散思维指沿着不同方向探索多种不同解决问题方案的思维方式。集中思维是指把问题所提供的所有信息，集中起来从中选择一个最佳解决方案的思维方式。

(3)根据解决问题使用方法的独特性，可分为常规思维和创造性思维。

常规思维是指运用已知的、现成方法解决问题的思维方式。创造性思维是指运用了与已知完全不同的方法来解决问题的思维方式。

3. 幼儿思维过程的发展

(1)幼儿分析与综合能力的发展。

(2)幼儿比较与分类能力的发展。

4. 促进幼儿思维发展的策略

(1)创造条件满足幼儿观察的学习需要，丰富幼儿的感性经验。

引导幼儿观察生活，运用语言总结生活经验；利用有趣的图文故事，加强语言与表现的联系。

(2)保持宽松民主的学习氛围，培养幼儿勤于思考、独立思考的好习惯。

拓展幼儿的视野，创造幼儿提问的条件；分析幼儿各种提问的教育意义，提高幼儿提出问题和解决问题的能力。

(3)鼓励幼儿的发散思维，引导幼儿在比较中选择最佳答案。

(五)观察反思

1. 3～6 岁幼儿的概念是如何发展的?

2. 如何培养幼儿的思维能力?

(六)扫一扫，看微课

观察四　幼儿想象力发展

想象是人在大脑中对已储存的表象进行加工改造形成新形象的心理过程，也是幼儿重要的认知过程之一。随着幼儿年龄的增长，他们的想象力遵循着心理发展的一般规律发展。

(一)观察目标

1. 掌握想象的概念及作用。
2. 了解幼儿无意想象的特点。
3. 能够根据实际情况，采取有效的措施提高幼儿的想象力。

(二)观察内容

1. 幼儿无意想象的特点。
2. 教师采取有效的措施提高幼儿的想象力。

(三)观察列表

表 2-7　幼儿想象力发展观察记录

观察幼儿园：________　　　　观察班级：________
观察日期：________　　　　观察人员：________

类别	基本内容		事件描述
无意想象	外界刺激		
	想象的主题		

续表

类别	基本内容		事件描述
有意想象	再造想象	经验性想象（ ）	
		情境性想象（ ）	
		愿望性想象（ ）	
		拟人化想象（ ）	
		夸张性想象（ ）	
	创造想象	创造性低，以重现生活经验为主（ ）	
		存在一些创造性成分（ ）	
		想象内容丰富新颖，符合现实且运用于实际活动（ ）	
想象与现实	想象脱离现实		
	想象与现实相混淆	把渴望得到的东西说成已经得到（ ）	
		把希望发生的事情当成已经发生的事情来描述（ ）	
		参加游戏或欣赏文艺作品时身临其境，与角色产生同样的情绪反应（ ）	

(四)观察说明

1. 想象的概念

想象是人脑在一定刺激的影响下对已储存的表象进行加工改造形成新形象的过程。

2. 想象的种类

(1)无意想象是指没有特定目的、不自觉的想象，是最简单的、初级的想象。

(2)有意想象是带有目的性、自觉性的想象。

3. 幼儿想象的发展

(1)无意想象占优势，有意想象逐渐发展。

无意想象的特点：

①无意想象无预定目的，由外界刺激直接引起；

②无意想象的主题不稳定，内容零散；

③以想象过程为满足；

④无意想象受情绪和兴趣的影响。

(2)以再造想象为主，创造想象开始发展。

再造想象的特点：

①经验性想象指幼儿凭借个人生活经验和个人经历开展想象活动；

②情境性想象指幼儿的想象活动是由画面的整个情境引起的；

③愿望性想象是在想象中表露出个人的愿望；

④拟人化想象是把客观物体想象成人，用人的生活、思想、情感、语言等去描述；

⑤夸张性想象是幼儿常常夸大事物的某些特征和情节。

(3)想象脱离现实和与现实混淆。

4. 幼儿想象力的培养

(1)丰富幼儿的表象，发展幼儿的语言表现力。

(2)在文学艺术等活动中创造幼儿想象发展的条件。

(3)在游戏中鼓励和引导幼儿大胆想象。

(4)在活动中进行适当的训练，提高幼儿的想象力。

(5)抓住日常生活中的教育契机、引导幼儿进行想象。

(五)观察反思

1. 想象的构成方式有哪些?

2. 根据幼儿无意想象的特点谈谈如何提高幼儿的想象力。

(六)扫一扫，看微课

任务三 幼儿言语发展观察

幼儿言语发展是一个有规律的、连续的过程，其中0～6岁是儿童言语发展最迅速的阶段，这一阶段儿童的言语水平每年都有明显的提升。

观 察 幼儿语音、词汇、语法及言语表达的观察

3～6岁是词汇数量增加最快的时期，幼儿掌握的各类词汇的内容范围不断扩大，而且对词义的理解也在不断地确切和深化。语言是人进行交际的工具，因此必须把词联结成句子，即按语法造句子。幼儿在与环境的不断交往中，自然掌握了一些基本语法结构和句型。幼儿对语法规则的掌握是在与成人的交往中逐渐发展起来的。教师在进行语言教育的过程中，要遵循幼儿语句发展的特点，避免使用方言，采用正确规范、符合语法结构的句子，引导幼儿反复实践，形成良好的语言习惯。

(一)观察目标

1. 掌握言语的概念及种类。
2. 掌握幼儿言语发展的基本趋势。
3. 掌握培养幼儿言语表达能力的方法。

(二)观察内容

幼儿外部语言、过渡语言、内部语言的具体表现。

(三)观察列表

表 2-8　幼儿言语发展观察记录

观察幼儿园：________　　　　　　观察班级：________
观察日期：________　　　　　　　观察人员：________

<table>
<tr><th>类别</th><th colspan="3">基本内容</th><th>具体表现</th></tr>
<tr><td rowspan="13">外部言语</td><td rowspan="11">口头言语（独白／对话）</td><td rowspan="2">语音</td><td>喜欢纠正评价别人发音并注意自己发音（　）</td><td rowspan="2"></td></tr>
<tr><td>掌握本民族语音（　）</td></tr>
<tr><td rowspan="4">词汇</td><td>词义理解加深</td><td rowspan="4"></td></tr>
<tr><td>词汇数量增加</td></tr>
<tr><td>词汇内容丰富深化</td></tr>
<tr><td>词汇范围扩大</td></tr>
<tr><td rowspan="3">语法</td><td>不完整句到完整句</td><td rowspan="3"></td></tr>
<tr><td>简单句到复合句</td></tr>
<tr><td>陈述句到多种形式的句子（如疑问句、祈使句、感叹句等）</td></tr>
<tr><td rowspan="2">言语表达</td><td>对话言语发展和独白言语出现（　）</td><td rowspan="2"></td></tr>
<tr><td>情境性言语发展和连贯性言语产生（　）</td></tr>
<tr><td rowspan="2">书面言语</td><td colspan="2">识字能力发展（　）</td><td></td></tr>
<tr><td colspan="2">早期阅读能力发展（　）</td><td></td></tr>
<tr><td rowspan="2">过渡言语</td><td>游戏言语</td><td colspan="2">游戏和活动中出现</td><td></td></tr>
<tr><td>问题言语</td><td colspan="2">遇到困难或问题时出现</td><td></td></tr>
<tr><td>内部言语</td><td colspan="3">更简略、概括性更强，具有自觉综合和自我调节功能</td><td></td></tr>
</table>

(四)观察说明

1. 言语的概念

言语是个体运用语言材料和语言规则来表达自己的思想或与其他人进行交际的过程。

2. 言语的分类

(1)外部言语。

(2)过渡言语。

(3)内部言语。

3. 语音的发展

(1)幼儿发音的正确率与年龄的增长成正比。

(2)语音发展的飞跃期为3～4岁。

(3)幼儿对声母、韵母的掌握程度不同。

(4)语音意识逐渐发展。

4. 词汇的发展

(1)词汇数量逐渐增加。

(2)词类范围不断扩大。

(3)对词义的理解逐渐加深。

5. 句子的发展

(1)句子结构的发展，表现为句子从简单句到复合句，从不完整句到完整句，从陈述句到其他句型，从无修饰句到有修饰句。

(2)句子功能的发展，表现为从混沌一体到逐步分化。

(3)句子的理解先于句子的产生，表现为幼儿在会说出正确的句子之前，已经能够听懂句子的意思。

6. 言语表达能力的发展

(1)口语表达能力的发展：从外部言语到内部言语；从情景性言语到连贯性言语的发展。

(2)言语表达技能的发展：说话技能的发展；听话技能的发展。

(五)观察反思

1. 如何运用表演法培养幼儿的言语能力?

2. 结合实际观察，归纳幼儿言语能力的培养方法。

(六)扫一扫，看微课

任务四　幼儿情绪、情感观察

情绪、情感是幼儿心理发展的非智力因素，对幼儿的心理和行为的发展具有重要作用。年龄越小，情绪、情感对个体心理和行为的影响就越大。因此，在教育实践中不能只重视幼儿认知能力的发展，也要重视其情绪、情感的发展。

观　察　幼儿情绪、情感的观察

(一)观察目标

1. 掌握情绪、情感的概念。
2. 了解幼儿基本情绪、情感的发展规律。
3. 能够辨别并分析幼儿情绪、情感。

(二)观察内容

幼儿情绪、情感的具体表现。

(三)观察列表

表 2-9　幼儿情绪、情感观察记录

观察幼儿园：________　　　　观察班级：

观察日期：________　　　　观察人员：________

<table>
<tr><th>类别</th><th>基本内容</th><th colspan="2">事件描述</th></tr>
<tr><td rowspan="3">情绪</td><td>易冲动性(　)</td><td colspan="2" rowspan="3"></td></tr>
<tr><td>不稳定性(　)</td></tr>
<tr><td>外露性(　)</td></tr>
<tr><td rowspan="9">情感</td><td rowspan="3">道德感</td><td>体验不深，易随成人的判断而改变(　)</td><td rowspan="3"></td></tr>
<tr><td>关心自己且关心别人的行为是否符合道德标准(　)</td></tr>
<tr><td>对好与坏有不同反应并开始关注行为动机、意图(　)</td></tr>
<tr><td rowspan="2">理智感</td><td>好奇好问(　)</td><td rowspan="2"></td></tr>
<tr><td>“破坏”行为(　)</td></tr>
<tr><td rowspan="4">美感</td><td>物品(　)</td><td rowspan="4"></td></tr>
<tr><td>艺术活动(　)</td></tr>
<tr><td>美术作品(　)</td></tr>
<tr><td>活动(　)</td></tr>
</table>

(四)观察说明

1. 情绪、情感的概念

情绪与情感是人对客观事物是否符合自己需要的态度的体验。

2. 情绪和情感的种类

(1)情绪的种类

①心境是一种微弱、持久、带有渲染性的情绪状态。

②激情是一种强烈的、迅猛爆发但却短暂的情绪状态。

③应激是一种由出乎意料的紧急情况所引起的十分强烈的情绪状态。

(2)情感的分类

①道德感是人类特有的一种高级社会性情感，是人们根据一定的社会道德规范评价自己和他人的行为时所产生的一种内心体验。

②理智感是在智力活动过程中，认识和评价事物时所产生的情绪体验。

③美感是根据一定的审美标准评价事物时所产生的情感体验。

3. 幼儿健康情绪、情感的培养

(1)提供良好的物质环境和精神环境。

(2)树立科学的教养理念，提供良好的情绪，情感示范。

(3)开展游戏或主题活动，促进幼儿健康情绪、情感的发展。

(4)教给幼儿恰当的情绪表达方法，帮助幼儿及时疏通和转移不良情绪。

(5)引导家长缓解幼儿的过度焦虑情绪。

(五)观察反思

如何培养幼儿积极的情绪、情感?

(六)扫一扫，看微课

任务五　幼儿个性、社会性发展观察

个性心理特征是指与别人不一样的、本质的、比较稳定而经常出现的心理特征，是决定社会个体发展方向的潜在力量。社会性发展是幼儿健全发展的重要组成部分，促进幼儿社会性发展已经成为现代教育最重要的目标。

观察一　幼儿个性品质的观察

(一)观察目标

1. 掌握幼儿气质的概念、类型及发展变化规律。
2. 掌握幼儿性格、能力及自我意识的概念、类型及培养。

(二)观察内容

幼儿气质、性格、能力及自我意识的具体表现。

(三)观察列表

表 2-10　幼儿个性品质观察记录

观察幼儿园：________　　　　观察班级：________

观察日期：________　　　　观察人员：________

类别			幼儿表现
气质	胆汁质(　　)		
	多血质(　　)		
	黏液质(　　)		
	抑郁质(　　)		
性格	活泼好动(　　)		
	喜欢交往(　　)		
	好奇好问(　　)		
	好模仿(　　)		
能力	一般能力和特殊能力(　)		
	模仿能力和创造能力(　)		
	认识能力、操作能力和社交能力(　)		
自我意识	自我认识	对自己身体的认识(　)	
		对自己行动的认识(　)	
		对自己心理活动的意识(　)	
	自我体验	自尊感(　)	
		自信心(　)	
	自我调节	自我检查 自我监督 自我控制	

(四)观察说明

1. 气质

气质是指一个人所特有的，主要是生物决定的、相对稳定的心理活动的动力特征。人的气质划分为四种类型——胆汁质、多血质、黏液质及抑郁质。

2. 性格

个人对客观现实的、稳定的态度和习惯化的行为方式就构成了人的性格。幼儿性格发展的特点：好动、好奇、好问、好模仿。

幼儿良好性格的塑造：营造良好的家庭环境；加强养成教育树立良好榜样；善待儿童，因材施教。

3. 能力

能力是指人们成功地完成某种活动所必须具备的个性心理特征。

能力的类型：

(1)一般能力和特殊能力；

(2)模仿能力和创造能力；

(3)认识能力、操作能力和社交能力。

幼儿能力的培养：

(1)正确了解儿童能力发展水平；

(2)根据儿童能力的个别差异因材施教；

(3)指导儿童掌握有关的知识技能；

(4)创造条件，组织幼儿积极实践；

(5)能力与其他个性品质的良好配合。

4. 自我意识

自我意识是指个体对自己所作所为的看法和态度(包括对自己存在以及自己对周围的人或物的关系的意识)。

幼儿自我意识的培养：增强幼儿的自信心；提高幼儿的自我评价能力。

(五)观察反思

1. 幼儿气质发展的特点有哪些?

2. 如何塑造幼儿的良好性格特征?

3. 如何提高幼儿的自我意识能力?

观察二　幼儿社会性行为的观察

(一)观察目标

1. 了解幼儿亲社会行为和攻击性行为的概念。

2. 掌握幼儿亲社会行为和攻击性行为的发展特点和影响因素。

3. 能够制定培养幼儿亲社会行为及矫治幼儿攻击性行为的策略。

(二)观察内容

1. 幼儿分享行为、助人行为、合作行为的具体表现及影响因素。

2. 幼儿攻击性行为的具体表现以及教师采取的教育措施。

(三)观察列表

表 2-11　幼儿社会性行为观察记录

观察幼儿园：________　　观察班级：________

观察日期：________　　观察人员：________

<table>
<tr><th colspan="2">类别</th><th colspan="3">基本内容</th></tr>
<tr><td rowspan="15">亲社会行为</td><td rowspan="4">分享行为</td><td colspan="3">知识经验分享（　）　情感体验分享（　）　学习材料分享（　）
玩具分享（　）　是否“伪分享”（　）</td></tr>
<tr><td colspan="2">行为描述</td><td></td></tr>
<tr><td colspan="2">不分享原因</td><td></td></tr>
<tr><td colspan="2">教师指导方式</td><td></td></tr>
<tr><td rowspan="6">助人行为</td><td colspan="2">事件描述（含行为者基本情况、参加人数等）</td><td></td></tr>
<tr><td colspan="2">行为发生情境</td><td>生活（　）　游戏（　）　教学（　）</td></tr>
<tr><td colspan="2">行为对象</td><td>教师（　）　同性同伴（　）　异性同伴（　）　其他（　）</td></tr>
<tr><td colspan="2">行为类型</td><td>被动消极（　）　被动中性（　）　被动积极（　）
主动中性（　）　主动积极（　）</td></tr>
<tr><td colspan="2">行为策略</td><td>物质帮助（　）　心理援助（　）　语言提醒（　）
求助权威（　）　体力帮助（　）　其他（　）</td></tr>
<tr><td colspan="2">行为对象反馈</td><td>消极（　）　中性（　）　积极（　）</td></tr>
<tr><td rowspan="5">合作行为</td><td colspan="2">行为类型</td><td>主动合作（　）　被动合作（　）　不合作（　）</td></tr>
<tr><td colspan="2">行为描述（含动机或目标、合作过程、合作策略等）</td><td></td></tr>
<tr><td rowspan="3">影响因素</td><td>活动内容及材料</td><td rowspan="3"></td></tr>
<tr><td>幼儿性格特征</td></tr>
<tr><td>教师指导方式</td></tr>
</table>

续表

<table>
<tr><th>类别</th><th colspan="2">基本内容</th></tr>
<tr><td rowspan="3">攻击性行为</td><td>行为描述（口头攻击或身体攻击）</td><td></td></tr>
<tr><td>产生原因</td><td>一日活动安排不科学、不合理（ ）
父辈、祖辈过度溺爱（ ）教育误导（ ）模仿（ ）</td></tr>
<tr><td>分析与教育措施</td><td></td></tr>
</table>

（四）观察说明

1. 相关概念

社会性发展又称幼儿的社会化，指幼儿从一个生物人到逐渐掌握社会的道德行为规范与社会行为技能，成为一个社会人并逐渐步入社会的过程。

（1）亲社会行为指个体做出的符合社会期望而对他人、群体或社会有益的情感和行为，是幼儿社会化发展的重要方面，包括诚实知耻、同情利他、合群守礼三个特质。

（2）分享行为是指个体在群体生活时把自己的物品、快乐等与别人共享的行为。分享行为是幼儿亲社会行为的一种。分享是人类的一种亲社会行为，是指人主动自愿与他人共享资源，并从中获得愉悦和满足的社会行为，是幼儿建立良好的伙伴关系、形成健康个性的基础。所以，真正的分享必须满足三个基本条件：从动机上说，产生分享行为的孩子必须是主动自愿的；从形式上来说，孩子与他人是共享资源的；从情感上来说，孩子通过分享行为，最终获得的是愉悦和满足的情感。只有同时具备了这三种要素，才是真正的分享行为，否则就是“伪分享”。“伪分享”，就是只有分享的形式而背离了分享本质的行为，即分享时不存在主动自愿的动机和愉悦满足的情感。

（3）攻击性行为指导致他人身体上或心理上产生痛苦的有意伤害行为。可以根据形式和功能分为口头攻击和身体攻击。

2. 社会性行为的特点

（1）幼儿亲社会行为的特点。

①幼儿亲社会行为的指向对象在不断变化且存在年龄差异；

②幼儿亲社会行为较多指向同伴，较少指向教师；

③幼儿的亲社会行为大多未得到及时的强化。

（2）幼儿攻击性行为的特点。

①幼儿的攻击性行为有非常明显的性别差异；

②中班幼儿出现的攻击性行为多于小班与大班幼儿；

③幼儿攻击性行为的表现方式及性质逐渐发生变化。

3. 幼儿亲社会行为的培养

①移情训练；

②榜样学习法；

③表扬，奖励；

④组织游戏活动。

4. 幼儿攻击性行为的矫正

①消除或避免引起攻击性行为的环境因素。

②提高幼儿认知水平。

③教会幼儿如何应对侵犯性情感。

④树立正面的榜样，消除对侵犯行为的奖赏和关注。

⑤实施家庭干预，采用科学的教养方式。

备注：分享行为的具体表现需涉及物品的特点、数量、分享对象及其分享观念（不均分、均分、慷慨行为）。行为者基本情况包括其姓名、性别、年龄等。被动是指幼儿在教师或同伴的命令、请求或提示下才产生助人行为；主动是指幼儿主动发现他人的困难和需要并帮助他人。中性反馈，即以一种默认的态度回应幼儿的帮助行为。

(五)观察反思

1. 影响幼儿亲社会行为的因素有哪些？如何培养他们的亲社会行为？

2. 结合实际观察，归纳幼儿攻击性作为的特点及其产生原因。

(六)扫一扫，看微课

观察三　幼儿人际交往行为的观察

(一)观察目标

1. 了解亲子关系、同伴关系和师幼关系的概念、类型及意义。

2. 掌握亲子关系、同伴关系和师幼关系的发展特征。

3. 学会培养幼儿良好人际关系的方法。

(二)观察内容

1. 幼儿亲子交往行为、同伴交往行为、师幼交往行为。

2. 幼儿教师培养育儿良好人际关系的方法。

(三)观察列表

表 2-12　幼儿人际交往行为观察记录

观察幼儿园：________　　　　　　　　　　　　观察班级：________

观察日期：________　　　　　　　　　　　　　观察人员：________

<table>
<tr><th>类别</th><th colspan="2">基本内容</th><th colspan="3">具体情况</th></tr>
<tr><td rowspan="6">亲子交往</td><td rowspan="3">父母因素</td><td>父母的教养方式</td><td colspan="3">民主型（　）　专断型（　）　放纵型（　）
忽视型（　）</td></tr>
<tr><td>父母的性格特征</td><td colspan="3"></td></tr>
<tr><td>母亲的教育水平</td><td colspan="3"></td></tr>
<tr><td rowspan="3">幼儿自身
因素</td><td>幼儿的依恋类型</td><td colspan="3">安全型（　）　回避型（　）　矛盾型（　）</td></tr>
<tr><td>幼儿性别特点</td><td colspan="3"></td></tr>
<tr><td>幼儿年龄特征</td><td colspan="3"></td></tr>
<tr><td rowspan="3">同伴交往</td><td>幼儿行为表现</td><td colspan="4"></td></tr>
<tr><td>类型</td><td colspan="4">受欢迎型（　）　被拒绝型（　）　被忽视型（　）　一般型（　）</td></tr>
<tr><td>分析与教育措施</td><td colspan="4"></td></tr>
<tr><td rowspan="6">师幼交往</td><td>互动方式</td><td colspan="4">直接教导（　）　言行榜样（　）</td></tr>
<tr><td>师幼关系
现状</td><td colspan="4"></td></tr>
<tr><td>类型</td><td colspan="4">平等型（　）　支持型（　）　情感型（　）　均不是（　）</td></tr>
<tr><td rowspan="3">存在问题</td><td colspan="2">师幼不平等相处（　）</td><td rowspan="3">改善措施</td><td rowspan="3"></td></tr>
<tr><td colspan="2">师幼间缺乏交流（　）</td></tr>
<tr><td colspan="2">幼儿缺乏主动（　）</td></tr>
</table>

(四)观察说明

1. 相关概念

(1)亲子关系有狭义和广义之分，狭义上是指幼儿早期与父母的情感联系，广义上是指父母的教养态度与方式。

(2)同伴关系是指年龄相同或相近的幼儿之间的一种共同活动并相互协作的关系，或者主要指同龄人或心理发展水平相当的个体间在交往过程中建立和发展起来的一种人际关系。根据庞丽娟的研究，同伴交往的类型主要有受欢迎型、被拒绝型、被忽视型和一般型。

(3)师幼关系是指教师与幼儿在共同的教育、教学活动中，通过相互的认知、情感和交往而形成的一种人际关系。

亲子关系类型：民主型、专断型、放纵型和忽视型。

同伴关系类型：受欢迎型、被拒绝型、被忽视型和一般型。

2. 影响因素

亲子交往的影响因素：

(1)父母性格、爱好、教育观念及对儿童发展的期望对幼儿教养行为有直接的影响；

(2)父母受教育水平、社会经济地位、宗教信仰以及父母之间的关系状况等；

(3)儿童自身的发育水平和发展特点。

同伴交往的影响因素：

(1)早期亲子交往的经验；

(2)儿童自身的特征；

(3)活动材料和活动性质。

3. 师幼关系的特点

(1)师幼互动中，教师与幼儿在人格上是平等的。

(2)教师是幼儿社会知识的传递者和社会行为的指导者。

(3)师幼互动中，教师发起的互动明显多于幼儿。

(五)观察反思

1. 师幼互动对幼儿心理发展的影响有哪些？

2. 结合实际观察，归纳同伴交往对幼儿心理发展的意义。

(六)扫一扫，看微课

第三部分　学前教育学部分

任务一　关于幼儿园制度与幼儿发展的观察与调查

幼儿是权利的主体，幼儿具有生存权、受保护权、发展权、受教育权等，这些权利应该受到尊重和保护。而幼儿在幼儿园中享有的各种权利则需要幼儿园的各项管理制度和政策来予以保障。因此，本部分第一个调查或观察的主题是幼儿园政策和管理制度的调查。

幼儿是发展的主体，关于幼儿心理方面发展的观察在本书第二部分幼儿心理发展的章节为大家呈现，本部分则选取了幼儿在区角活动中的行为的观察。

调　查　幼儿园政策和管理制度的调查

(一)调查目标

了解幼儿园政策及管理制度的内容，及所调查幼儿园的各项制度是否健全。

(二)调查内容

1. 幼儿园管理制度调查。
2. 学生管理制度调查。
3. 卫生制度调查。
4. 安全制度调查。

(三)调查列表

表 3-1　幼儿园管理制度调查

调查幼儿园：________　　　　　　　　　　　　调查班级：________
调查日期：________　　　　　　　　　　　　　调查人员：________

幼儿园管理制度														
园长岗位职责	教师岗位职责	保育员岗位职责	幼儿园教师职责	教师一日常规	教职工工作质量考核制度	教育评价制度	每周例会制度	幼儿园教研学习制度	档案管理制度	幼儿园财务管理制度	职工培训制度	幼儿园与家长联系制度	幼儿园教师值周、值日工作职责	幼儿园考勤制度

表 3-2　学生管理制度调查

调查幼儿园：________　　　　　　　　　　　　调查班级：________
调查日期：________　　　　　　　　　　　　　调查人员：________

学生管理制度	
班级工作管理制度	幼小衔接制度

表 3-3　卫生制度调查

调查幼儿园：________　　　　　　　　　　　　调查班级：________
调查日期：________　　　　　　　　　　　　　调查人员：________

卫生制度				
幼儿园卫生保健制度	晨检制度	传染病疫情报告制度	卫生消毒及隔离制度	幼儿园儿童健康检查制度

表 3-4　安全制度调查

调查幼儿园：________　　　　　　　　调查班级：________

调查日期：________　　　　　　　　调查人员：________

安全制度				
幼儿人身安全措施	幼儿接送制度	交通安全制度	消防安全制度	安全工作责任追究制度

(四)调查说明

调查相关制度是否齐全，如果齐全在表格中打上“√”，无须填写具体内容，阅览即可。

(五)调查反思

通过调查，你认为所调查幼儿园在政策和管理制度上有哪些方面需要改进?

(六)扫一扫，看微课

观　察　对区角活动中幼儿的观察

(一)观察目标

了解区角活动中的幼儿的具体表现。

(二)观察内容

区角的选择、情感态度、学习方式、互动、能力以及区角规则的遵守情况。

(三)观察列表

表 3-5　区角活动中的幼儿观察

观察幼儿园：________　　　　　　　　观察班级：________

观察日期：________　　　　　　　　观察人员：________

性别	男	
	女	

续表

年龄班	托班	
	小班	
	中班	
	大班	
区角的选择	美术区	
	图书区	
	表演区	
	积木区	
	数学区	
	益智区	
	其他	
情感态度	积极（主动）	
	消极（被动）	
学习方式	自主学习	
	合作学习	
互动	师幼互动	
	同伴互动	
	自我互动或无互动	
能力	观察能力	
	注意力	
	思维能力	
	想象力	
区角规则的遵守情况	遵守	
	不遵守	
教师指导情况	是	
	否	

(四)观察说明

表 3-5 既可用于统计全体幼儿的区角活动状况，也可统计单个幼儿的区角活动状况，还可观察教师的指导情况，视情况而定。

如果统计全体幼儿的区角活动状况，可用数字在右侧表格内记录每种现象的频次；如果统计单个幼儿的区角活动的状况，可在右侧表格内做出标记，如“√”。另外记录幼儿区角活动的全过程，包括教师指导情况。

需要特别解释的是“自我互动”。自我互动是指人在一定的环境里，对自身心情、心态的调节，跳出负面影响的负能量的一种互动。

(五)观察反思

1. 在区角选择上、情感态度上以及学习方式上，性别差异体现在哪里？
2. 在区角选择上、情感态度上以及学习方式上，年龄班差异体现在哪里？
3. 不同的区角可以培养幼儿哪种能力？

(六)扫一扫，看微课

任务二　关于幼儿园教师的观察与调查

幼儿园教师是实施幼儿园保教工作的专业人员，需要专业的培养与培训，也应进行自我规划，以及同事的帮助，使其具有相应的职业道德，掌握系统的专业知识和技能。师幼关系是教师与幼儿之间的人际交往关系，教师是教育者，幼儿是受教育者；教师是保育者，幼儿是被保育者；而这些关系往往通过师幼互动体现出来。因此，本任务选取了两个点进行观察或调查，一是关于幼儿园教师专业成长的调查，二是对幼儿园师幼互动行为的观察。

调　查　关于幼儿园教师专业成长的调查

(一)调查目标

了解幼儿园教师专业成长的过程。

(二)调查内容

分别调查幼儿园、教师自身和同事三个影响主体在教师专业成长计划、专业成长途径以及专业成长结果等方面的支持作用。

(三)调查列表

表 3-6 幼儿园教师专业成长调查

调查幼儿园：________　　　　　　　　　　　　　调查班级：________

调查日期：________　　　　　　　　　　　　　　调查人员：________

幼儿园	计划	长期	
		短期	
	途径	培训	
		教研	
		科研	
		其他	
	成果		
教师	计划	长期	
		短期	
	途径	培训	
		教研	
		科研	
		其他	
	成果		
同事			

(四)调查说明

主要通过访谈法、调查法。调查幼儿园、教师以及同事是否对于教师的成长具有支持作用，如果有则在有的选项后进行标记，如“○”，并进行具体计划、途径及成果的列举。

(五)调查反思

通过调查，你认为促进教师专业成长的最有效的途径是什么?

(六)扫一扫，看微课

观　察　幼儿园师幼互动行为的观察

所谓“师幼互动”是指在幼儿园一日生活各环节中，教师和幼儿之间发生的各种形式、性质、程度的心理交互作用或行为的相互影响，表现为师幼双方开启互动和对彼此语言、行为意义的理解和反馈，其包括隐性的互动和显性的互动，具体涉及互动主体、互动内容、互动行为、互动形式和互动效应等。

(一)观察目标

在见习、实习班级内抽取3位教师及相应班级的幼儿组成观察对象，观察在幼儿园一日生活各环节中，教师和幼儿之间发生的各种形式、性质、程度的心理交互作用或行为的相互影响。

(二)观察内容

随机抽取任何一天上午，在自然环境下，对观察对象在活动(生活活动、游戏活动，学习活动中的语言、科学、音乐、美术活动等)中的师幼互动，以事件取样的方法进行观察并记录：只要发生一次师幼互动事件，就把这个师幼互动事件观察、记录下来，直至这个师幼互动事件结束。

(三)观察列表

表 3-7　师幼互动的分类指标

(一)基本情况
1. 活动内容名称：
(1)生活活动　(2)运动活动　(3)游戏活动　(4)学习活动(语言活动、科学活动、音乐活动、美术活动)
(二)师幼互动的行为要素
2. 互动行为主体：
(1)施动者教师、受动者幼儿　(2)施动者幼儿、受动者教师
3. 教师开启内容：
(1)约束纪律　(2)指导活动　(3)照顾生活　(4)抚慰情绪　(5)提问　(6)让幼儿做事　(7)共同游戏　(8)表达情感　(9)询问　(10)分享　(11)激励表扬　(12)帮助幼儿　(13)陈述(说明、指示等)　(14)示范
4. 幼儿开启内容：
(1)寻求指导与帮助　(2)请求　(3)告状　(4)引起关注　(5)发表见解　(6)询问　(7)帮助教师做事　(8)共同游戏　(9)陈述情况　(10)寻求安慰　(11)表达情感
5. 互动内容的产生：
(1)生成　(2)预设+生成　(3)预设
6. 反馈方式：
(1)拒绝　(2)询问　(3)陈述　(4)接受
7. 互动形式：
(1)集体　(2)小组　(3)个别
8. 互动回合：
(1)0.5次　(2)1次　(3)1.5次　(4)2次　(5)2.5次　(6)3次　(7)3.5次　(8)4次及以上

表 3-8　师幼互动观察记录

________省/市________（市）________区（县）________幼儿园

样本教师姓名________生活教师姓名________　　　　时间________分钟

观察日期________年________月________日　　　　数据收集员姓名

________环节　开始观察时间____点____分　　　　开始时大致幼儿数________人

活动背景（活动内容、活动组织形式、个别互动时幼儿姓名、性别、性格、发展水平等）	施动者行为（包括表情、动作、语言等）	反馈者行为（包括表情、动作、语言等）	备注（观察记录者的想法、看法及其他情况说明）

(四)观察说明

根据表 3-7 师幼互动的分类指标中各项内容，填写表 3-8 师幼互动观察记录表，并详细记录师幼互动全过程。

(五)观察反思

你所观察的师幼互动中值得学习的地方有哪些，需要引以为戒的地方有哪些？

(六)扫一扫，看微课

任务三　关于幼儿园课程的调查

幼儿园教育旨在促进幼儿德、智、体、美全面发展，因此，根据幼儿各年龄特点，在幼儿园设置相应的课程是十分必要的，所以我们在本任务下设定了关于幼儿园课程设置的调查。而幼小衔接阶段因其具有和小学教育相邻的特点，使其课程设置具有相对于其他幼儿园课程的某种特殊性，因此，将幼小衔接课程设置调查作为本任务下的一个子任务。

调查一　幼儿园课程设置的调查

(一)调查目标

了解所观察幼儿园的课程设置。

(二)调查内容

幼儿园课程设置当中的目标、内容、实施的途径以及教师如何保障目标的实现。

(三)调查列表

表 3-9　幼儿园课程设置调查

调查幼儿园：__________　　调查班级：________

调查日期：________　　调查人员：________

年龄班	领域	目标	内容	途径
小班	健康			
	语言			
	社会			
	科学			
	艺术			
中班	健康			
	语言			
	社会			
	科学			
	艺术			
大班	健康			
	语言			
	社会			
	科学			
	艺术			

(四)调查说明

通过访谈法和观察法，将相对应的年龄班目标、内容及途径以文字的形式详细记录。

补充说明，《幼儿园教育指导纲要(试行)》指出五大领域教育目标及内容如下：

1. 健康领域

目标：①身体健康，在集体生活中情绪安定、愉快；②生活、卫生习惯良好，有基本的生活自理能力；③知道必要的安全保健常识，学习保护自己；④喜欢参加体育活动，动作协调、灵活。

内容：①建立良好的师生、同伴关系，让幼儿在集体生活中感到温暖，心情愉快，形成安全感、信赖感；②与家长配合，根据幼儿的需要建立科学的生活常规，培养幼儿良好的饮食、睡眠、盥洗、排泄等生活习惯和生活自理能力；③教育幼儿爱清洁、讲卫生，注意保持个人和生活场所的整洁和卫生；④密切结合幼儿的生活进行安全、营养和保健教育，提高幼儿的自我保护意识和能力；⑤开展丰富多彩的户外游戏和体育活动，培养幼儿参加体育活动的兴趣和习惯，增强体质，提高对环境的适应能力；⑥用幼儿感兴趣的方式发展基本动作，提高动作的协调性、灵活性；⑦在体育活动中，培养幼儿坚强、勇敢、不怕困难的意志品质和主动、乐观、合作的态度。

2. 语言领域

目标：①乐意与人交谈，讲话礼貌；②注意倾听对方讲话，能理解日常用语；③能清楚地说出自己想说的事；④喜欢听故事、看图书；⑤能听懂和会说普通话。

内容：①创造一个自由、宽松的语言交往环境，支持、鼓励、吸引幼儿与教师、同伴或其他人交谈，体验语言交流的乐趣，学习使用适当的、礼貌的语言交往；②养成幼儿注意倾听的习惯，发展语言理解能力；③鼓励幼儿大胆、清楚地表达自己的想法和感受，尝试说明、描述简单的事物或过程，发展语言表达能力和思维能力；④引导幼儿接触优秀的儿童文学作品，使之感受语言的丰富和优美，并通过多种活动帮助幼儿加深对作品的体验和理解；⑤培养幼儿对生活中常见的简单标记和文字符号的兴趣；⑥利用图书、绘画和其他多种方式，引发幼儿对书籍、阅读和书写的兴趣，培养前阅读和前书写技能；⑦提供普通话的语言环境，帮助幼儿熟悉、听懂并学说普通话。少数民族地区还应帮助幼儿学习本民族语言。

3. 社会领域

目标：①能主动地参与各项活动，有自信心；②乐意与人交往，学习互助、合作和分享，有同情心；③理解并遵守日常生活中基本的社会行为规则；④能努力做好力所能及的事，不怕困难，有初步的责任感；⑤爱父母长辈、教师和同伴，爱集体、爱家乡、爱祖国。

内容：①引导幼儿参加各种集体活动，体验与教师、同伴等共同生活的乐趣，帮助他们正确认识自己和他人，养成对他人、社会亲近、合作的态度，学习初步的人际交往技能；②为每个幼儿提供表现自己长处和获得成功的机会，增强其自尊心和自信心；③提供自由活动的机会，支持幼儿自主地选择、计划活动，鼓励他们通过多方面的努力解决问题，不轻易放弃克服困难的尝试；④在共同的生活和活动中，以多种方式引导幼儿认识、体验并理解基本的社会行为规则，学习自律和尊重他人；⑤教育幼儿爱护玩具和其他物品，爱护公物和公共环境；⑥与家庭、社区合作，引导幼儿了解自己的亲人以及与自己生活有关的各行各业人们的劳动，培养其对劳动者的热爱和对劳动成果的尊重；⑦充分利用社会资源，引导幼儿实际感受祖国文化的丰富与优秀，感受家乡的变化和发展，激发幼儿爱家乡、爱祖国的情感；⑧适当向幼儿介绍我国各民族和世界其他国家、民族的文化，使其感知人类文化的多样性和差异性，培养理解、尊重、平等的态度。

4. 科学领域

目标：①对周围的事物、现象感兴趣，有好奇心和求知欲；②能运用各种感官，动手动脑，探究问题；③能用适当的方式表达、交流探索的过程和结果；④能从生活和游戏中感受事物的数量关系并体验到数学的重要和有趣；⑤爱护动植物，关心周围环境，亲近大自然，珍惜自然资源，有初步的环保意识。

内容：①引导幼儿对身边常见事物和现象的特点、变化规律产生兴趣和探究欲望；②为幼儿的探究活动创造宽松的环境，让每个幼儿都有机会参与尝试，支持、鼓励他们大胆提出问题，发表不同意见，学会尊重别人的观点和经验；③提供丰富的可操作的材料，为每个幼儿都能运用多种感官、多种方式进行探索提供活动的条件；④通过引导幼儿积极参加小组讨论、探索等方式，培养幼儿合作学习的意识和能力，学习用多种方式表现、交流、分享探索的过程和结果；⑤引导幼儿对周围环境中的数、量、形、时间和空间等现象产生兴趣，建构初步的数概念，并学习用简单的数学方法来解决生活和游戏中某些简单的问题；⑥从生活或媒体中幼儿熟悉的科技成果入手，引导幼儿感受科学技术对生活的影响，培养他们对科学的兴趣和对科学家的崇敬；⑦在幼儿生活经验的基础上，帮助幼儿了解自然、环境与人类生活的关系，从身边的小事入手，培养初步的环保意识和行为。

5. 艺术领域

目标：①能初步感受并喜爱环境、生活和艺术中的美；②喜欢参加艺术活动，并能大胆地表现自己的情感和体验；③能用自己喜欢的方式进行艺术表现活动。

内容：①引导幼儿接触周围环境和生活中美好的人、事、物，丰富他们的感性经验和审美情趣，激发他们表现美、创造美的情趣；②在艺术活动中面向全体幼儿，要针对他们的不同特点和需要，让每个幼儿都得到美的熏陶和培养。对有艺术天赋的幼儿要注意发展他们的艺术潜能；③提供自由表现的机会，鼓励幼儿用不同艺术形式大胆地表达自己的情感、理解和想象，尊重每个幼儿的想法和创造，肯定和接纳他们独特的审美感受和表现方式，分享他们创造的快乐；④在支持、鼓励幼儿积极参加各种艺术活动并大胆表现的同时，帮助他们提高表现的技能和能力；⑤指导幼儿利用身边的物品或废旧材料制作玩具、手工艺品等来美化自己的生活或开展其他活动；⑥为幼儿创设展示自己作品的条件，引导幼儿相互交流、相互欣赏、共同提高。

幼儿园教育的途径：专门组织的教育教学活动；日常活动与生活；学习环境；家园合作。

（五）调查反思

通过调查，你认为该园课程设置是否符合幼儿发展水平，有哪些需要改进的地方？

(六)扫一扫，看微课

调查二　幼小衔接课程设置的调查

(一)调查目标

了解幼儿园幼小衔接课程设置。

(二)调查内容

幼小衔接课程中的课程内容、课程实施的时间以及教师所采用的方法。

(三)调查列表

表 3-10　幼小衔接课程设置调查

调查幼儿园：________　　　　调查班级：________
调查日期：________　　　　调查人员：________

课程内容	时间	方法

(四)调查说明

通过访谈法和观察法，将具体内容填入表 3-10 即可。如：

课程内容包括：培养幼儿对小学生活的热爱和向往；培养幼儿对小学生活的适应；帮助幼儿做好入学前的学习准备；加强幼儿园与小学之间的联系；加强幼儿园与家庭之间的相互配合等。

主要方法包括：逐渐使生活环境向小学靠近；逐步调整教学方法和形式；提高幼儿的规则意识和社会交往能力；培养幼儿的学习适应能力；认真做好幼小衔接中的家长工作等。

(五)扫一扫，看微课

任务四　关于幼儿园教育活动的观察

幼儿园教育具有其独有的特点，其具有独特的原则和组织以及评价方法，因此在本任务下设定了幼儿园活动原则的观察、幼儿园教育活动组织的观察和幼儿园教育活动评价的观察三个观察活动。

观察一　幼儿园活动原则的观察

(一)观察目标

了解幼儿园活动中所体现的幼儿园活动原则。

(二)观察内容

幼儿园活动中所表现出来的教育性原则、科学性原则、主动性原则、发展性原则、直观性原则和情境性原则。

(三)观察列表

表 3-11　幼儿园活动原则观察

观察幼儿园：________　　　　观察班级：________

观察日期：________　　　　观察人员：________

原则	是否遵守	具体案例
教育性原则		
科学性原则		
主动性原则		
发展性原则		
直观性原则		

续表

原则	是否遵守	具体案例
情境性原则		

(四)观察说明

观察者在表格中填写是否遵守，并详细记录具体事例。

教育性原则是指在幼儿园教育活动中，必须向幼儿进行辩证唯物主义教育和道德品质教育，贯穿完成幼儿园教育任务的原则。

科学性原则是指向幼儿传授的知识、技能应该是正确的，是符合客观规律的。

主动性原则是指幼儿在幼儿园的一日活动中主动学习与探索，通过与客观环境、物质材料，以及人际交往而获得发展的原则。

发展性原则是指幼儿园的教育活动要促进幼儿在德、智、体、美诸方面全面发展，促进每个幼儿不同水平上的富有个性的发展。

直观性原则是指利用幼儿的各种感官和已有的经验，通过各种直观手段吸引幼儿注意力，丰富他们的直接经验和感性认识，帮助幼儿形成正确的概念，获取知识和技能，促进幼儿的发展。

情境性原则是指教师围绕教育活动目的设置和设计具体、生动的场景，引发幼儿的积极情绪体验，让幼儿能置身其中，以促进幼儿的发展。

(五)观察反思

针对遵守幼儿园活动原则的案例，谈谈你的看法。

(六)扫一扫，看微课

观察二　幼儿园教育活动组织的观察

(一)观察目标

了解幼儿园教育活动是如何组织的。

(二)观察内容

包括组织形式(集体活动、小组活动和个别指导)、实施途径(幼儿园的一日生活，专门组织的教学活动，幼儿园教育环境，家、园、社区三位一体)和组织策略(方法运用的策略、手段选择的策略、随机教育的策略）。

（三）观察列表

表 3-12　幼儿园教育活动组织观察

观察幼儿园：________　　　　　　　　观察班级：________

观察日期：________　　　　　　　　观察人员：________

项目	具体划分	具体案例
组织形式	集体活动	
	小组活动	
	个别指导	
实施途径	幼儿园的一日生活	
	专门组织的教学活动	
	幼儿园教育环境	
	家、园、社区三位一体	
组织策略	方法运用的策略	
	手段选择的策略	
	随机教育的策略	

（四）观察说明

填充具体案例即可。

方法运用的策略：充分尊重和考虑幼儿的年龄特点与实际情况选择方法；根据教育活动目标、内容的需要选择方法；各种方法整合优化，发挥最佳效应。

手段选择的策略：1. 幼儿园普遍使用手段的种类：实物、图片、图书、电化教学设备、自制玩具和教具。2. 多种手段选择的策略：依教育目标来选择；依教育内容来选择；多种手段的配合使用。

随机教育的策略：明确每一个活动环节的教育目标；在活动中寻找和抓住教育良机。提升自己对幼教事业的责任感及教育智慧。

（五）观察反思

1. 教师在教学过程中使用的教学手段能达到教学目标吗？

2. 教师是如何交叉使用多种组织形式的？

（六）扫一扫，看微课

观察三　幼儿园教育活动评价的观察

(一)观察目标

了解幼儿园教育活动中的评价部分。

(二)观察内容

关于评价的内容(对幼儿学习的评价、对幼儿发展的评价、对教师“教”的评价)、评价的原则(尊重性原则、科学性原则、全面性原则、情境性原则、个别化原则)、评价的方法(定性评价、定量评价的信息采集法)以及评价结果的运用(进行反馈、提出解决措施、提高教育活动质量)。

(三)观察列表

表 3-13　幼儿园教育活动评价观察

观察幼儿园：________　　　　观察班级：________
观察日期：________　　　　观察人员：________

	具体划分		具体案例
评价的内容	对幼儿学习的评价		
	对幼儿发展的评价		
	对教师“教”的评价		
评价的原则	尊重性原则		
	科学性原则		
	全面性原则		
	情境性原则		
	个别化原则		
评价的方法	定性评价	观察法	
		问卷调查法	
		访谈法	
		作品分析法	
	定量评价的信息采集法	测评法	
		实验法	
评价结果的运用	进行反馈		
	提出解决措施		
	提高教育活动质量		

(四)观察说明

对所观察到的案例进行具体划分，在表格内做出标记，如“√”，并详细记录案例。

对幼儿学习的评价：幼儿对教育活动的参与度、幼儿情感态度、幼儿的学习方式、幼儿在教育活动中的互动程度、幼儿在教育活动中的能力以及幼儿的学习习惯。

对教师“教”的评价：对教育活动目标的评价（统一性、整合性、针对性、操作性）、对教育活动内容的评价（适宜性、有效性、针对性、挑战性、多元性、整合性、自然性、开放性）、对教育活动方法的评价（适宜性、有效性）、对教育活动环境材料的评价（适宜性、启发性、多样性、开放性）。

尊重性原则：指实施教育活动评价中应充分体现对被评价者的尊重。

科学性原则：要求在评价实施中，评价者不能单凭主观经验或直接感觉来评定和判断教学质量或幼儿发展能力与水平，而必须采用科学合理的评价方法、手段和工具来展开评价。

全面性原则：一方面表现在应全面评价幼儿的发展水平，另一方面评价的渠道应体现全面性和多样性。

情境性原则：对教育活动的评价要在其特定的情境中展开。

个别化原则：评价者或教师应当从幼儿的不同潜能和个性出发制定评价手段和方式，此外教师应当尊重幼儿的个别差异，根据实际情况，在一定情境活动范围内针对不同幼儿有不同的观察和记录的着眼点，体现评价的弹性化、个性化。

观察法是指研究者根据一定的研究目的、研究提纲或观察表，用自己的感官和辅助工具去直接观察被研究对象，从而获得资料的一种方法。

问卷是指为统计和调查所用的、以设问的方式来表述问题的表格。问卷调查法就是研究者用这种控制式的测量对所研究的问题进行度量，从而收集到可靠的资料的一种方法。

访谈法是指通过访员和受访人面对面地交谈来了解受访人的心理和行为的心理学基本研究方法。

作品分析法又称档案袋评价法，指研究者有意地将各种有关调查对象表现的材料收集起来，并进行合理的分析与解释，以反映调查对象在学习与发展过程中的努力、进步状况或成就。

测评法是研究者根据研究的需要，运用客观性测验项目和量表来收集有关幼儿身心发展和学习水平的数量化资料，通过对资料的分析来解释教育活动的结果，探究教育活动规律的一种研究方法。

实验法是研究者运用科学实验的原理和方法，以一定的教育理论及其假设为指导，有目的地控制和操纵某些教育因素或教育条件，通过观测与所控制的条件相伴随的教育要素或教育现象变化的结果，来揭示教育活动规律的一种方法。

（五）观察反思

1. 你所在班级主要运用了哪种评价方法？是否符合幼儿发展特点和规律？
2. 幼儿园中主要评价者和评价对象分别是谁？

(六)扫一扫，看微课

任务五　关于幼儿园教育合作的调查

幼儿园教育作为终身教育的一部分与家庭教育和社会教育是不可分割而独立存在的，因此，了解幼儿园与家庭以及与社区合作是十分有必要的。因此，本任务设置了幼儿园与家庭合作、幼儿园与社区合作两个调查活动。

调查一　幼儿园与家庭合作的调查

(一)调查目标

了解幼儿园家庭合作的内容、方式和家园合作的频次。

(二)调查内容

家园合作的内容(鼓励和引导幼儿家长参与幼儿园教育、指导和支持家长开展家庭教育)、家园合作的方式(以幼儿园为核心的家园合作活动、以家长为核心的家园合作活动)以及家园合作的频次。

(三)调查列表

表 3-14　幼儿园与家庭合作调查

调查幼儿园：________　　　　调查班级：________
调查日期：________　　　　调查人员：________

家园合作的内容	家园合作的方式	家园合作的频次

(四)调查说明

1. 家园合作的内容

鼓励和引导幼儿家长参与幼儿园教育、指导和支持家长开展家庭教育。

2. 家园合作的方式

(1)以幼儿园为核心的家园合作活动：幼儿入(离)园时的交谈、家长专栏、家园联系手册、便条或电话、家访、教育活动开放日、幼儿学习成果展示与汇报会。

(2)以家长为核心的家园合作活动：家长会、家长园地或家庭教育专刊、家教现场指导活动、家长沙龙、家长座谈会、家庭互动组、家长学校或家庭教育讲座。

通过访谈和观察的方式选择幼儿园中的家园合作内容、家园合作方式、统计家园合作的频次填入表 3-14 内，如果你所在幼儿园有其他家园合作方式亦可填入表内。

(五)调查反思

幼儿园中家园合作是否完善，你是否可以提出更好的家园合作的方式？

(六)扫一扫，看微课

调查二　幼儿园与社区合作的调查

(一)调查目标

了解幼儿园与社区合作的内容、幼儿园与社区合作的方式以及幼儿园与社区合作的频次。

(二)调查内容

幼儿园与社区合作的内容(发掘社区资源，服务幼儿教育事业；发挥自身优势，服务社区教育事业)；幼儿园与社区合作的方式(构建幼儿园与社区合作组织，形成共育网络；整合社区教育资源，形成共育互动平台)；幼儿园与社区合作的频次。

(三)调查列表

表 3-15　幼儿园与社区合作的调查

调查幼儿园：________　　　　调查班级：________

调查日期：________　　　　调查人员：________

幼儿园与社区合作的内容	幼儿园与社区合作的方式	幼儿园与社区合作的频次

(四)调查说明

1. 幼儿园与社区合作的内容

(1)发掘社区资源，服务幼儿教育事业：开发利用社区的物质资源；开发利用社区的人力资源；开发利用社区的文化资源。

(2)发挥自身优势，服务社区教育事业：树立幼儿园的文明形象，发挥文明示范的引领作用；开发利用幼儿园的教育设施与社区共享教育资源；发挥幼儿园的教育专长，服务社区教育。

2. 幼儿园与社区合作的方式

(1)构建幼儿园、社区合作组织，形成共育网络：成立幼儿园、社区协作委员会；成立教育顾问团；成立早教中心。

(2)整合社区教育资源，形成共育互动平台：建立资源共享库；搭建艺术舞台；建立社区咨询站；建立社区读书坊。

通过访谈和观察的方式，选择幼儿园与社区合作的内容，幼儿园与社区合作的方式填入表 3-15 内，并统计幼儿园与社区合作的频次。

(五)调查反思

幼儿园与社区合作是否完善，你是否可以提出更好的合作方式?

(六)扫一扫，看微课

第四部分　幼儿园游戏活动

观察幼儿是了解、支持、指导幼儿的第一步。游戏对于幼儿来说是他们的基本生活和学习，游戏是幼儿发展的一面镜子，它能反映出幼儿身心各方面的发展状况。因此，观察幼儿游戏活动，可以帮助教师更全面地了解幼儿的发展情况和为幼儿发展提供的环境状况，为教师科学地组织和指导幼儿游戏提供依据，也为全面促进幼儿发展提供依据和支持。

任务一　幼儿园室内外游戏空间、场地观察

游戏是幼儿最喜爱的活动，也是幼儿园的基本活动。幼儿从游戏中获得身体、情感、认知、社会性等多方面的发展，促进幼儿游戏活动是促进幼儿健康全面发展的基础。

游戏环境和场所的创建是幼儿游戏发生的背景性条件，关系到游戏的开展和进行，也关系到幼儿在游戏中所获得的体验。本部分选取幼儿园游戏空间和场地的观察，帮助学生认识和了解游戏空间、场地在幼儿游戏中的创建和作用。

观察一　幼儿园室内游戏区观察

室内游戏区是教师根据幼儿的需要和爱好，以及教育活动内容，将室内环境分成若干具体的游戏区域，提供不同的游戏材料，并供幼儿有选择地进行游戏的区域空间。

(一)观察目标

了解幼儿园室内游戏区域的规划和创建，帮助学生认识和理解幼儿园室内游戏区域对幼儿游戏开展的作用和意义。

(二)观察内容

1. 幼儿园游戏区域的规划和设计。

2. 游戏活动区域游戏材料的投放。

(三)观察列表

表 4-1　幼儿园室内游戏区观察

观察幼儿园：________　　　　观察班级：________

观察日期：________　　　　观察人员：________

室内游戏区域都有哪些？（画“√”表示）		相对安静的区域有： 相对喧闹的区域有：
不同功能区是否有清晰边界和路线标注？		是□　　否□
游戏区投放的材料幼儿能否独立使用？		是□　　否□
幼儿游戏空间是否充足		是□　　否□
一天中室内幼儿游戏活动的时间		上午： 下午：
游戏材料	角色游戏区	
	表演区	
	建构区	
	益智区	
	音乐区	
	美工区	
	小肌肉活动区	
	大肌肉活动区	
	其他	

备注：在□中画“√”。

(四)观察说明

1. 角色游戏区、表演区、建构区等就是开展相关活动的区域。相对安静的区域有：绘画区、手工区、阅读区、结构区等；相对喧闹的区域有：娃娃家、医院、商店、银行等。

2. 所有游戏区和安静区必须隔开，互不干扰，表示二者有清晰的边界线和空间分隔，并能找到它们的实际距离。开放性的架子之类的物品并不能减少噪声，不能用此类物分隔。

3. 独立使用材料是指幼儿能独立加以使用。如开放式架子上没有堆积物品、透明的或贴上标签的玩具箱、游戏材料容易拿取、能轻易打开盒子盖。

4. 游戏空间充足是指某个时间段内可以提供足够的空间区域让最少不同的 3 种活动同时进行。

5. 游戏时间是指上午或下午幼儿连续游戏时间或有间断的游戏时间的全部，都要观察记录。

6. 游戏区域内的材料最好能分类观察记录。

(五)观察反思

1. 你怎么设计游戏区域和安静区的分隔?

2. 通过观察和调查，你认为在观察班级内哪些游戏区设计不适宜?

3. 对游戏区材料的投放，你有哪些补充或撤换?

(六)扫一扫，看微课

观察二　幼儿园室外游戏区观察

室外游戏场地和室内空间引发的游戏是不同的，室外游戏活动对于促进幼儿身心健康、智力成长、品德和审美修养发展起着重要作用，创建安全、自由、合理、适宜的室外活动场地是户外活动有效开展的物质基础。

(一)观察目标

了解幼儿园室外游戏场地的规划和创建，帮助见习、实习生认识和理解幼儿园室外游戏环境对幼儿游戏开展的作用。

(二)观察内容

1. 幼儿园室外游戏场地的规划和设计。

2. 室外游戏场地游戏器材和设施的安放。

3. 室外游戏场地的安全性和充足性。

(三)观察列表

表 4-2　幼儿园室外游戏场地观察

观察幼儿园：________　　观察班级：________

观察日期：________　　观察人员：________

室外游戏场地都有哪些?	
室外游戏区设计都有哪些?	
室外游戏区的简单类型	传统的游戏场地： 创造性游戏场地： 冒险性游戏场地：

续表

室外游戏场地的使用情况	能供____个班同时使用 能供____个班轮流使用
室外游戏场地的铺设	
室外场地的安全防护	
室外场地的安全隐患	
室外游戏器材和设施	传统运动器材： 创造性游戏器材： 冒险性游戏器材： 其他：
室外游戏器材和设施的安全隐患	
一天中幼儿室外游戏活动的时间	上午： 下午：

(四)观察说明

1. 室外游戏场地。包括操场、带顶篷的露台或天井、走廊、小花园、水池、沙坑、种植养殖园、树林、草坪、草皮山等。

2. 室外游戏区设计。指在适宜场地创建的具有某种功能的游戏区。

(1)运动器械区。

主要安放一些传统的运动游戏器械。如攀登架、滑梯这样的大型组合玩具和秋千、跷跷板、转椅这样的中型玩具区。

(2)集体运动场地。

开展集体游戏的场地，一般面积较大，适宜开展多种活动，特别是可使用小型自制玩具。在四周设计玩具储藏室。四周最好栽种高大的树木，保证夏季提供绿荫。

(3)攀爬区。

设计1～3个攀爬区，比如可以在墙面设计横向攀岩，可以在绿色长廊设计软索爬梯，也可以在草坪上设计轮胎爬墙、软索爬墙等装置。

(4)长廊。

长廊既可以连接室内与户外，也可以连接户外多个游戏区。夏季绿荫长廊供幼儿嬉戏，可以在长廊设计爬索、吊挂幼儿跳高摸高的物品，也可以在长廊设计休闲长椅、石桌等。

(5)小树林。

若幼儿园户外空间充足，可以设计一个小树林，栽种各种树木，包括果木、花木等，在小树林里吊挂秋千、摇椅等设施，保留树林的土质地面。

(6)草坪。

开阔的大面积的草坪，允许幼儿上去滚爬戏耍。没有条件的幼儿园可以铺设带状草坪，或者在裸露土壤的地面铺设草坪，作为软化地面的手段。

(7)种植养殖区。

为幼儿开辟一块种植区和养殖区，这是幼儿的探索活动，也是幼儿热衷的游戏活动。

(8)山坡(山洞)。

设计山坡、土坡、山洞等供幼儿攀爬、钻着玩。

(9)玩沙区。

设计几个不同规格的沙池，边缘用轮胎进行软化处理，轮胎还可以提供给幼儿一个走平衡的好场所，四周种植高大的树木，夏季提供绿荫。

(10)玩水区。

可以设计简单的长条形玩水池，也可以设计游泳池、喷泉、鱼池等不同的玩水区，一般紧邻玩沙区，既容易为沙池供水，也方便幼儿玩沙后洗手。

(11)投掷区。

投掷活动可以锻炼幼儿的臂力，发展手眼协调能力，所以，幼儿园可以在户外设置一个投掷区，如果空间不足，投掷区可以借用门廊、墙面、树林、长廊等地，不单独占用空间。

(12)涂鸦区。

可以为幼儿设计一面自由墙，让幼儿用水彩笔、粉笔、毛笔或其他大刷子等工具和材料来涂画。墙面必须是可以清擦、重复使用的。

(13)户外部分封闭或半封闭游戏区。

建设游戏小屋、小帐篷、小围栏等区域。

3. 室外游戏区类型。一般根据幼儿游戏的主要特征划分为传统游戏区、创造性游戏区和冒险性游戏区三类，把划分比较具体的游戏区按照分类填在表 4-2 中，以观察幼儿园创设的户外游戏区的适宜性。

4. 幼儿园室外场地的铺设。指用什么材料铺设地面，为幼儿创造适宜户外活动的场地，一般铺设材料有草坪、石子、透水砖、水泥、防腐木、塑胶等。

5. 室外场地的安全防护。指相关的场地、器械、周围环境等的安全保障措施。如楼道宽敞不拥挤、楼梯高低适度，有扶手、围墙、看护大门、防跌软垫、防火器材等。

6. 室外游戏器材和设施。根据游戏区类型观察，一般传统游戏器材固定，游戏方法有限，如秋千、滑梯、跷跷板等；创造性游戏器材、设施一般具有多功能组合、可移动、适宜探索操作等特点，如三轮车、可移动平衡木、可滚动轮胎大纸箱等，也包括种植园和养殖园；冒险性游戏器材，一般具有临时性、培养幼儿探索精神、自我保护意识等功能和特点，如可跨越的障碍物、体验路滑的泥泞小路、搭建的翻爬器材等。

7. 室外游戏器材和设施的安全隐患。包括铁质器械的尖锐的突起和破损面、松动的螺丝、失修的器材设施、拥挤摆放等。

(五)观察反思

1. 怎样做好幼儿园室外游戏场地和器材、设施的安全防护？

2. 怎样划分幼儿园室外游戏区？

3. 在室外游戏区安放器材和设施的原则有哪些？

(六)扫一扫，看微课

任务二　幼儿园游戏材料的观察

游戏材料是幼儿游戏所使用的玩具和物品的总称。材料是游戏的物质支柱，其数量和种类对幼儿游戏的选择有着某种定向功能，而且活动材料的结构化程度，影响着游戏的多样化和对幼儿多方面发展的促进作用。对幼儿园游戏活动材料的观察，可使我们了解各种材料的功用、投放比例以及对材料的管理方法等。

观察一　小肌肉游戏材料的观察

(一)观察目标

通过观察，了解幼儿园中小肌肉游戏材料的种类和投放策略，以及使用材料组织活动的方法。

(二)观察内容

1. 幼儿园小肌肉游戏材料的种类、数量和保养。

2. 幼儿园小肌肉游戏活动的类型、玩法等。

3. 幼儿园小肌肉游戏材料的投放策略。

(三)观察列表

表 4-3　幼儿园小肌肉游戏材料和活动观察

观察幼儿园：________　　　　观察班级：________

观察日期：________　　　　观察人员：________

幼儿园小肌肉游戏材料类型	
小肌肉游戏活动	
小肌肉游戏材料的状况和保养	
小肌肉游戏材料的充足性	
小肌肉游戏材料的投放	

续表

小肌肉材料的储放是否支持儿童自由选择	
一天中小肌肉活动的时间	

(四)观察说明

1. 小肌肉游戏材料类型主要一般包括以下几类：镶嵌积木、雪花片、彩棒等小型搭建玩具；蜡笔、剪刀、小夹子等美劳材料；不同大小的串珠、插孔板、插拔图钉、橡皮筋等操作材料；拼图游戏材料；等等。

2. 小肌肉游戏活动多种多样，利用小肌肉游戏材料或徒手精细运动组织的活动，比如纽扣、豆子等组织的活动，插、拔图钉活动，橡皮筋套物，拉拉链，插雪花片，等等。

3. 小肌肉游戏材料的状况和保养，观察是否完整或保养得当，如果有部分丢失、损坏或其他问题，造成50%材料不能正常使用就是缺乏维修或不完整，而如果80%以上材料维修良好和齐全，就可以认定保养良好。

4. 小肌肉游戏材料要充足，是指为幼儿提供的材料种类齐全，数量多。一般在一天中80%的时间段幼儿可以取用每类材料至少3种以上。

5. 游戏材料的投放是指材料是否投放在适宜的活动区内，是否符合幼儿的年龄和发展特点，投放的材料数量和种类是否齐全，投放的材料是否有层次性。

6. 材料支持幼儿自由取放是指储物架高矮合适、储物箱透明易观察，并都贴有标签。

(五)观察反思

1. 你观察的班级有哪些操作性材料？

2. 你还能补充哪些小肌肉游戏活动材料？

(六)扫一扫，看微课

观察二　各年龄班游戏特点和投放材料的观察

游戏材料泛指用于供幼儿游戏的玩具、物品，既包括从商店买来的玩具，也包括由教师和幼儿利用半成品、废旧物制作的自制玩具和各种天然材料。游戏材料只是游戏的一个必要条件，在没有与游戏有关的直接或间接的关系情况下，游戏材料本身不会有教育意义或“可解释性”。相反，在游戏环境中，各种可能的解释都将得到检验。由于不同年龄幼儿身心发展的不同，对事物的感受和体验有其独有的特点，同时由于幼儿的注意力、想象力和思维能力等发展水平的不同，在游戏中对材料的选择和使用也各有不同，教师要根据不同年龄儿童的发展水平和游戏特点提供相应的游戏材料和指导。

(一)观察目的

观察、了解不同年龄班幼儿游戏的特点及在游戏材料的选择和使用特点，并且观察教师在不同年龄班所提供游戏材料的差别和指导的区别。

(二)观察内容

1. 不同年龄班幼儿游戏特点及游戏材料的选择和使用上的不同。
2. 教师在不同年龄班所提供的游戏材料和指导的差别。

(三)观察列表

表 4-4 不同年龄幼儿游戏的特点和教师提供的游戏材料与指导的观察

观察幼儿园：________　　观察班级：________

观察日期：________　　观察人员：________

班级	游戏特点	对游戏材料的选择和使用特点	提供的游戏材料	提供指导
小班				
中班				
大班				

(四)观察说明

不同年龄班幼儿由于种种条件的限制，所开展的游戏和选择的游戏材料有各自的特点，教师提供的游戏材料和指导要有一定的区别。

1. 小班幼儿年龄小、社会经验少，游戏中往往表现出以自我为中心、控制力差、攻击性强、独立能力弱、不会与同伴交往合作等特点，归结起来就是社会交往频率少，以单独游戏为主。同时对游戏材料的使用没有创造性，大家选择的材料和玩法基本相同。他们在完成一项游戏后，往往不能自主地进行下一步游戏操作，往往出现观望和停止的现象。提供的游戏材料要种类少、数量多、成品玩具多，半成品、自然材料较少。教师指导上要因幼儿游戏的特点而进行。

2. 中班幼儿开始喜欢合作游戏，社会性交往逐渐增多；同时坚持性增强，攻击性行为减少等。逐渐能学会控制情绪，在游戏中学会交往，亲社会行为逐渐增加。开始具备一定的创造意识，对材料的选择开始多样，并且多次操作后开始尝试新玩法。自主性增强，可以自主选择游戏材料，安排游戏情节和内容等。所以教师在材料投放上种类要多，数量要足，可以适量投入一些半成型材料。

3. 大班幼儿喜欢与同伴一起玩游戏，注意力提高、交往能力增强，喜欢玩合作性游戏。他们能在教师启发和引导下，能有效迁移原有的经验进行创造性的活动。想象活动丰富，能找到很多游戏替代物或创造相应的玩具。不再满足于追随和服从，有主见，游戏前和游戏中有自己的想法，多了计划性和目的性。教师投放相应的材料半成品和自然物相对增多，利用简单的材料或语言指导丰富游戏主题，便于幼儿创造性地开展游戏。如，“今天我给小朋友们带来了一个输液瓶，你们看看怎么玩”，这个提醒就可能激发一次以输液为主题的活动，或者把一些纸板、一些彩色胶带等自然物交给孩子，孩子们会创造出多种游戏。

(五)观察反思

1. 不同年龄幼儿游戏和在游戏材料的选择和使用上各有什么特点？
2. 教师应提供的材料和指导有什么不同？

(六)扫一扫，看微课

任务三　关于幼儿园游戏活动类型的观察

游戏是幼儿时期儿童认识世界的主要途径。游戏适合幼儿的年龄特点，是幼儿期儿童身心发展的一种社会活动形式，是促使幼儿身心发展的一种最好的活动形式。幼儿游戏内容丰富多彩，形式多种多样，从不同的角度出发，对幼儿游戏的认识和理解也不同，从而把游戏分为不同的类别。如感知运动游戏、角色游戏、结构游戏等。不同类别的游戏有不同的表现形式和功能，影响着幼儿的发展。

观察一　幼儿园游戏种类和功能的观察

依据不同的角度和标准，幼儿游戏产生了不同的分类方法。主要的分类方法有三种，本观察将从幼儿园游戏活动实践出发，梳理幼儿游戏的种类和功能。

(一)观察目的

了解幼儿园游戏活动的开展和分类及各类游戏相应的功能，帮助学生熟悉幼儿园游戏活动。

(二)观察内容

1. 幼儿园游戏活动的开展和分类。

2. 幼儿园游戏活动功能。

(三)观察列表

表 4-5　幼儿园游戏活动类型观察

观察幼儿园：________　　　　　　　　　　观察班级：________
观察日期：________　　　　　　　　　　　观察人员：________

在幼儿园一周见习活动中所观察的游戏活动	时间	游戏活动
	星期一	
	星期二	
	星期三	
	星期四	
	星期五	
讨论游戏活动的分类标准		
依据不同的角度和标准对幼儿游戏进行分类		
把观察到的游戏活动归到相应的类别		
讨论不同类别游戏活动功能和作用		
幼儿园是否提供电子游戏		
一天中幼儿游戏时间	上午：　　　　下午： 合计：	

(四)观察说明

1. 利用见习、实习机会，观察记录一个幼儿班级在一周教育活动中游戏活动开展的时间和活动主题或(名称)。每天观察记录。

2. 讨论或回顾幼儿游戏分类的依据。

一般有以下几种分类的角度：

(1)依据幼儿认知发展等分类，幼儿游戏可以分为感觉运动游戏、象征性游戏、结构性游戏、规则游戏。

(2)依据幼儿社会性发展分类，可以分为偶然的行为、旁观者行为、单独游戏、平行游戏、联合游戏、合作游戏等。

(3)依据游戏的功能(教育目的和作用)分类，可以分为角色游戏、结构游戏、表演游戏、体育游戏、智力游戏、音乐游戏、娱乐游戏等，其中前三种归为结构化游戏，后四种归为规则性游戏。

(4)从游戏与教育教学的关系这一角度分类，可分为本体性游戏和工具性游戏。所谓本体性游戏是指幼儿自主、自发表现的活动，其目的隐含于游戏活动本身，强调的是游戏本身的内在价值。而如果目的不在于游戏本身，而在于通过有利于儿童发展的游戏形式，促进教育教学活动的有效进行，就强调游戏的工具价值。

3. 依据不同的角度和标准，把一周观察到的游戏进行多种分类。

4. 每种类别的游戏活动，体现着不同的功能，如感知运动游戏(视觉游戏、听觉游戏、触觉游戏、运动觉游戏等)，促进幼儿多方面运动技能的发展；象征性游戏是幼儿依据表象进行想象，学习用语言符号进行思维，体现了幼儿认知发展的新水平；结构化游戏是游戏活动向非游戏活动的过渡，前期的结构化游戏带有象征游戏的性质，后期的结构化游戏演变为一种复杂的智力活动；规则性游戏有清晰的游戏要求和规则，幼儿可以加深对规则和社会的认识。

单独游戏关注自己的玩具，几乎没有同伴交往，各玩各的；平行游戏中同伴各玩各的，只是偶尔相互模仿，没有任何合作和交往行为；联合游戏没有共同的目标，也无明显的社交倾向；而合作游戏有共同的目标和比较明确的分工。角色游戏使幼儿通过扮演角色、模仿、想象、创造性地反映现实生活的一种游戏，常扮演的角色有爸爸、妈妈、教师、医生、娃娃、伙伴等。表演游戏是儿童按照童话或故事中的情节扮演某一角色，在线文化作品内容的一种游戏，如还珠格格表演游戏、小红帽表演游戏等。结构游戏是幼儿操作各种结构材料来构造物体的一种游戏，结构材料包括积木、积塑、胶粒、花片等专门的结构材料和沙、石、土、雪等天然结构材料以及其他一些废旧物品和半成品的结构材料等。智力游戏属于有规则游戏，它是依据一定的智育任务而设计编定的一种有规则性游戏，如镶嵌游戏、拼图、棋类等。

5. 目前优质的电子游戏可以锻炼儿童的反应能力、迅速理解和运用新规则新信息的能力、抗挫折能力及合作精神，但也有非常突出的负面问题，关键是教师要合理管理，趋利避害，幼儿园可以为幼儿提供一些有益的电子游戏。

(五)观察反思

1. 幼儿园游戏活动的类型及相应的功能与作用?

2. 幼儿园一天的游戏时间多长比较适宜?

(六)扫一扫，看微课

观察二　幼儿园自由游戏观察

幼儿园自由游戏是幼儿园一日活动中的重要组成部分。在活动中幼儿自己选择活动内容、自己选择玩具材料、自己选择玩伴，即自由交谈、自由娱乐和游戏。与成人的互动仅限于回应幼儿的需要。辨别自由游戏活动的关键是看由谁发起、由谁开展、由谁控制，教师的作用有没有顺应幼儿游戏时表现的需要，教师有没有在自由游戏中反客为主。

(一)观察目的

了解幼儿园自由游戏活动开展及价值，帮助见习生、实习生认识和理解幼儿园自由游戏活动。

(二)观察内容

1. 幼儿园自由游戏活动的开展和价值。
2. 幼儿园自由游戏活动的监护。

(三)观察列表

表 4-6　幼儿园自由游戏活动观察

观察幼儿园：______　　观察班级：______
观察日期：______　　观察人员：______

一天中幼儿自由游戏的时间	上午：　下午： 合计：
幼儿自由游戏时选取的材料	
自由游戏时单独游戏的幼儿	
自由游戏时合作游戏的幼儿	
支持自由游戏的材料是否丰富、充足	
支持幼儿自由游戏的空间、场地	
教师对自由游戏中幼儿的看护	
教师看管自由游戏的幼儿时的指导情况	语言： 眼神： 动作： 其他：
自由游戏时师幼互动频次	良性互动： 不良互动：
自由游戏时同伴互动频次	友好： 不友好：
自由游戏中教师提供渗透性教育的机会(频次)	

(四)观察说明

1. 观察记录幼儿园一天中自由游戏的时间，对比是否符合《幼儿园教育指导纲要(试行)》《3—6岁儿童学习与发展指南》对幼儿园自由时间的规定。一级幼儿园要保障充足的自由游戏时间：小班120分钟、中班100分钟、大班90分钟。

2. 观察记录幼儿自由游戏时选择的材料，分类填在表4-6中。

3. 观察记录幼儿自由游戏时单独游戏和合作游戏的幼儿人数，了解、分析幼儿喜好单独游戏或合作游戏的倾向。

4. 观察自由游戏材料是否丰富、充足。有50％的幼儿没有材料可选称为不足，50％幼儿有材料可选称为有一些，每个幼儿都有材料可选仍有剩余称为充足。

5. 观察幼儿园自由游戏的空间、场地是否宽松。

6. 教师大部分时间(80％)关注幼儿自由游戏，称为对幼儿自由游戏有看管。

7. 观察教师看管幼儿自由游戏的表现，眼神、语言、动作等。

8. 师幼互动是指在教师和幼儿之间发生的各种形式、各种性质和各种程度的相互作用和影响，表现为师幼双方开启互动和对彼此语言、行为意义的理解和反馈，包括隐性互动和显性互动。师幼互动是教师、幼儿各自人际互动系统中的一种特殊和主要的形式。良性互动包括双方都很轻松、声音欢快、面带微笑、认真倾听对方、眼神友好接触等现象；不良互动包括教师对儿童态度冷淡、忽视儿童甚至歧视、声音听起来急躁、肢体接触是为了控制儿童等。

9. 同伴间的友好互动包括对方相互微笑、相互接纳、互相支持与帮助、分享玩具等现象；不友好互动包括双方从眼神中互相嫌弃、阻止同伴游戏与交谈、与同伴争吵、推搡打架、抢同伴玩具等现象。

10. 自由游戏并不排斥教师的作用，教师要利用看管机会做一些教育性互动。如教师帮助儿童思考解决冲突的方法，鼓励儿童讨论他们的活动，介绍与游戏相关的概念等。

(五)观察反思

1. 如何在大班有效开展自由游戏活动？

2. 在《幼儿园教育指导纲要(试行)》与《3—6岁儿童学习与发展指南》中对幼儿园自由游戏活动有哪些相关要求？

(六)扫一扫，看微课

观察三　幼儿角色游戏观察

角色游戏是幼儿根据自己的兴趣和愿望，通过扮演角色，运用想象和模仿，创造性地反映个人生活印象的一种游戏。角色游戏是幼儿期特有的一种也是最为典型的一种象征性游戏，是随着幼儿自身的发展和对环境的认识的积累而自然产生的，包含了游戏主题、角色、假想和规则等基本要素。角色游戏不追求游戏结果，幼儿快乐地享受过程。观察幼儿园的角色游戏主要从提供的游戏材料、角色游戏的开展、对幼儿的发展的促进等方面进行。

(一)观察目的

了解幼儿园角色游戏活动的开展及价值，帮助学生认识和理解幼儿园角色游戏活动。

(二)观察内容

1. 幼儿园角色游戏活动的开展和价值。
2. 幼儿园角色游戏活动的监管。

(三)观察列表

表 4-7　幼儿园角色游戏观察

观察幼儿园：________　　观察班级：________
观察日期：________　　观察人员：________

所观察幼儿班有几个角色游戏区	
各角色区的游戏材料有哪些	
角色游戏材料的分类整理	
道具材料是否表现文化多元性	
支持角色游戏的材料是否丰富、充足	
一个角色游戏是否有领导者	
教师怎样支持、鼓励角色游戏	
记录一次角色游戏中师幼互动情况	
记录一次角色游戏中同伴互动情况	
定点观察记录一次角色游戏(实况详录)	
扫描法观察各角色游戏持续的时间	
一次角色游戏中提供的幼儿发展内容	
没有游戏场景通过其他方式激发的角色游戏	

(四)观察说明

1. 角色游戏是幼儿以物代物，以人代人，通过模仿和想象，扮演角色，创造性地再现生活的游戏，角色区有娃娃家、医院、邮局、美发厅、菜市场、蛋糕店、超市、银行等。

2. 根据游戏场景的不同，提供不同的游戏材料。

娃娃家：仿真小家具(床、沙发等)、厨房用具(锅、碗、水壶等)、家用电器(电视机、冰箱、吹风机等)、娃娃用具(奶瓶、衣服、毛巾等)。

美发厅：镜子、梳子、吹风机、仿真剪刀、毛巾、洗发水、围裙等。

医院：白大褂、医生帽子、听诊器、注射器、体温计、医药箱、药瓶、纱布等。

超市：各种废旧包装盒、饮料瓶、各种面值的钱币、购物筐、柜台等。

菜市场：各种蔬菜模型或实物等。

3. 道具材料丰富多样可以激发多种主题的角色游戏，应提供有关家庭生活的(厨房用具、种植花草用具、客厅用具、寝室用具等)、有关各种工作的(如办公室、建筑工地、商场、交通、工厂、加油站等)、幻想类(动物、恐龙、故事书人物等)、休闲(游乐场设备、电影院、体育场等)道具材料。

4. 道具如果涉及不同的民族、不同的区域、不同的国家，更具有文化多元性。

5. 道具材料涉及的主题越多样、材料越多，一般涉及10个主题以上才是丰富和充足的。

6. 观察一个角色游戏中是否有一个领导者激发和组织游戏，观察领导者的作用。

7. 教师对幼儿角色游戏的支持体现在游戏前、游戏中和游戏后。观察在游戏不同阶段，教师提供的支持。游戏前，教师要有意识、有目的地帮助幼儿积累丰富的生活经验、创设丰富的游戏环境，为幼儿开展角色游戏做物质和经验上的准备。游戏中，鼓励帮助幼儿按照自己的意愿提出游戏主题、帮助幼儿选择和分配角色、指导幼儿丰富和发展游戏情节。游戏后，做好游戏场地和玩具的整理工作、评价总结游戏。

8. 角色游戏能促进幼儿自主性、合作意识、社会交往能力等的发展，其中师生互动和同伴互动是社会性交往的体现。师幼互动情况，如幼儿“老师，我们家不需要姐姐了”“老师，我要拉大便”“老师，今天银行没有人”等；老师“我来你们家借把剪刀”“你们这是做什么”“你们家还需要有几位姐姐”“今天你们家有什么好玩的事情”“今天你们有什么不开心吗”等。幼儿同伴互动情况，如“妈妈，咱们给宝宝喂饭吧”“我们家不需要姐姐了，你不能加入我们了”“我给你们送来了一些冰糕，我可以加入吗”“你去给宝宝买个推车吧”等。

9. 定点观察、记录一次角色游戏的过程，学习观察记录的方法(实况详录)，同时也学习分析和评价游戏的方法。用观察记录表，记录班级内各角色游戏开展的时间。

10. 角色游戏对儿童的创造性、自主性、社会性及认知、情感、意志力、责任性的发展具有促进和教育意义，通过观察要认真分析游戏促进幼儿发展的内容。

11. 一般情况下，游戏场景能激发相应的角色游戏，但是毕竟幼儿园空间有限，场景创建有限，因此观察其他能激发角色游戏的方式方法、材料等对于开展丰富多彩的角色游戏有一定意义。

(五)观察反思

1. 请说明还有哪些角色游戏道具可以使用。
2. 如何支持和鼓励幼儿的角色游戏?
3. 在户外或室内较大空间开展动态角色游戏与在室内角色区开展有什么不同吗?

(六)扫一扫，看微课

任务四　幼儿园游戏活动的指导与评价观察

观察游戏、分析游戏是教师指导幼儿游戏和评价游戏的前提。安吉游戏提出“解放老师，成就儿童”的理念，倡导“在安全可控的范围内，放手让孩子活动”，同时倡导投放低成本、多功能、低结构、多变化、结实耐用、具有普适性的游戏材料，满足幼儿的不同需求。教师要从幼儿游戏的指导者转变成观察者、支持者，逐渐从“看到”到“看懂”，到明白自己“该做什么”，真正实现对幼儿游戏的观察、理解、支持。

观察一　幼儿园游戏活动指导观察

虽然幼儿游戏是幼儿自愿、自主的活动，但是由于其本身所具有的教育功能和幼儿园特有的保教目标，赋予教师要承担游戏指导与支持的任务，以便更好地实现幼儿在游戏中的发展。

(一)观察目标

观察了解幼儿教师对幼儿游戏活动的指导情况，了解、学习幼儿游戏指导的策略和方法。

(二)观察内容

1. 幼儿教师对幼儿游戏活动的计划与指导。
2. 幼儿教师指导幼儿游戏的一般策略和方法。

(三)观察列表

表 4-8　幼儿教师游戏指导观察

观察幼儿园：________　　　　观察班级：________
观察日期：________　　　　观察人员：________

幼儿班级周活动计划中游戏活动安排情况	摘录幼儿园教师周活动计划
教师对预设的游戏是否有具体的游戏计划	观察幼儿园教师活动设计方案
游戏活动计划的结构	
记录教师介入或干预幼儿游戏的时机	
教师在介入幼儿游戏后的退出情况	
教师介入或干预幼儿游戏的方式	
教师指导幼儿游戏的方法	以语言为媒介：建议、评论、描述、询问、重述、提问等 以材料为媒介：提供的材料具有多人合作、启发想象、易于探究等特点 以幼儿同伴为媒介：鼓励同伴间的互动
教师幼儿游戏中的热情和态度	
教师在幼儿游戏中的关注内容	
教师在游戏中采用的观察方法	
教师观察游戏用到的工具	
教师是否总结和评价游戏	

表 4-9　幼儿教师指导游戏过程的观察

观察幼儿园：________　　　　观察班级：________
观察日期：________　　　　观察人员：________

项目	内容	评分(分)
引导游戏进程	游戏组织完成(开始、中间、结束)，游戏进行顺利	0～5
教师与幼儿互动	教师积极参与游戏，增加与幼儿的接触交往，多运用肯定互动	0～5
指导对象与范围	重点与一般相结合；个别指导和小组指导相结合	0～5

续表

项目	内容	评分(分)
指导方式	指导方式多样化，以间接指导为主(提供材料、建议、参与角色、行为示范、指导技能等)	0～10
指导环境	激励式，注意引导幼儿主动游戏与学习	0～5
游戏规则	注意幼儿年龄特点，帮助幼儿形成游戏规则，逐渐形成自律	0～10
记录方式	符号、文字、照片等	0～10

(四)观察说明

1. 重视幼儿游戏计划是真正将幼儿游戏纳入有目的的教育的关键。一方面，游戏计划是增强教育的目的性的最好手段，而且幼儿游戏有计划、有组织，也并不是对幼儿游戏娱乐性和自主性的否定；另一方面，强调将游戏的目的性、游戏时间、游戏场所、游戏的生成性纳入幼儿园整体课程的管理之中，也可使游戏真正成为幼儿的主要活动。

2. 我们必须明确，游戏计划是幼儿园课程计划的一部分，也要像幼儿园五大领域的教育活动一样，有具体的设计方案。

3. 游戏活动计划的一般结构：游戏的种类及名称、幼儿发展目标、环境准备、材料准备、指导流程、游戏观察要点及工具等。

4. 教师介入或干预幼儿游戏的时机是否适时，直接关系到教师指导幼儿游戏的实际效果。教师介入或干预幼儿游戏的时机可以根据以下情形判断：其一，当幼儿的游戏并不投入时；其二，当幼儿难以与同伴互动时；其三，当幼儿延伸或扩展自己的游戏行为遇到困难时；其四，当幼儿缺少游戏材料，使游戏难以进行时；其五，当幼儿的游戏技能达不到游戏要求，使游戏继续存在困难时；其六，当幼儿在游戏中出现负面行为效应时。出现以上情形时，教师就可以采取适宜的方式介入或干预幼儿的游戏。但是同时注意，当教师个人主观状态不佳时，最好不要介入幼儿的游戏。

5. 教师介入或干预幼儿游戏的方式一般有：平行介入、交叉介入和垂直介入。平行介入是教师尽量与幼儿接近，与幼儿玩同一种游戏，但两者之间并不互动，教师也不干扰幼儿的游戏，其目的为幼儿提供行为的范型；交叉介入是教师作为游戏配合者参与幼儿游戏，幼儿是游戏主导者，教师做一些应答性反应，并借用时机给幼儿适当的游戏建议；垂直介入是教师在幼儿出现安全隐患时直接打断幼儿游戏的进行，终止游戏。

6. 教师在确定指导幼儿游戏后，要考虑以什么样的方法指导幼儿游戏，是采用语言媒介，还是材料媒介，抑或是利用幼儿同伴。

7. 教师在组织幼儿游戏过程中保持积极的热情和态度也是对幼儿游戏的支持与鼓励。

8. 教师对幼儿游戏要持续关注，不仅要关注全体，而且要关注个体；既要观察随时出现或变化的主题进行情况，也要关注材料提供情况；要关注游戏中幼儿之间出现的矛盾或幼儿产生的认知冲突等，以便给予幼儿及时的帮助与指导。例如，“孩子们对原有医院道具不感兴趣了，怎么办?”“一个幼儿总围绕在教师旁边，怎么办?”等等。

9. 观察幼儿游戏的过程，可以帮助教师了解游戏的进展、幼儿的需要。从观察目的来看，教师在游戏中的观察有两种：一是随机观察，及时捕捉幼儿从语言、动作、表情中所发出的信息，了解这些信息所反映出的幼儿的行为动机，幼儿的即时需要，幼儿的意愿、困难和情绪体验，作为指导游戏的依据，以便把握干预的时机，有针对性地做出适宜的应答行为，以满足幼儿游戏的需要，推进其活动；二是有目的的观察，其目的是了解幼儿现有的发展状况、发展的个别差异、发展的最近趋势，作为教育的依据。常用到扫描观察、定点观察与追踪观察等。

10. 教师有效的观察游戏要用到观察表、记录本、相机或摄像机等工具。

11. 教师对游戏活动的指导还表现在对游戏的总结和评价上。

(五)观察反思

1. 幼儿园教师在指导幼儿游戏上有哪些问题?

2. 幼儿教师对游戏的指导表现在哪些方面?

(六)扫一扫，看微课

观察二 幼儿游戏发展水平的观察与评价

幼儿游戏发展水平受多种因素的影响，如幼儿身心发展水平、成人对游戏的态度与指导、家庭和幼儿园游戏的设施等，因此，幼儿的发展水平具有年龄差异性和个体差异性。准确地了解幼儿游戏发展水平，可以更科学地组织和指导幼儿游戏，促进幼儿游戏水平的提高。

(一)观察目标

观察幼儿在游戏中的表现，了解幼儿游戏发展水平，了解游戏组织、指导的策略和方法。

(二)观察内容

幼儿角色游戏、创造游戏活动中的表现。

(三)观察指导

1. 观察对象

在幼儿开展自由游戏和创造性游戏时各随机抽取2名幼儿作为观察对象。

2. 观察方法

(1)实地观察，填写观察记录。

(2)在实施实地观察或撰写观察记录的过程中，有不清晰的地方，可访问被观察者；同时对游戏过程拍摄录像；在填写观察记录时，边放录像边记录完整。

表 4-10　幼儿在自由游戏中的表现记录表

观察幼儿园：________　　观察班级：________
观察日期：________　　观察人员：________

自选情况	自主选择游戏类型 不能自主选择游戏类型 自主选择材料 不能自主选择材料
情绪状态	情绪积极、愉快主动 情绪一般 情绪不高，消极游戏
主题目的性	无意识行为 主题不明确容易受同伴影响 自定主题，能很快进入游戏情境 共同商定主题，主题稳定
材料使用	不会用 简单重复使用 正确使用，常规玩法 材料使用充分，玩法多样
遵守规则	遵守规则、行为有序 不遵守规则、行为混乱 轻拿轻放，爱护玩具 基本爱护 不爱护 及时收放，认真整理 收放部分材料 不能收放和整理

续表

社会性	无所事事、漫无目的 观看他人 独自游戏 平行游戏 联合游戏 合作游戏
师幼互动	必要时请求教师帮助，互动良好 不请求教师，自己玩 教师指导时，愉快接受 教师指导时，仍沉浸在自己的游戏里
同伴互动	积极交往——互相谦让、轮流合作、共同解决问题 一般交往——交谈逗趣、请求询问、追随模仿 消极交往——独占排斥、干扰破坏、攻击对抗
持续情况	变换频繁，注意力不集中 有一定坚持性，完成一项工作后再换其他工作 始终坚持，高度集中
表达情况	正确表达自己游戏想法 喜欢交流与表达游戏过程 不能正确表达 不喜欢表达

表 4-11　幼儿在创造游戏中的表现记录表

观察幼儿园：________　　　　观察幼儿：________

观察日期：________　　　　观察人员：________

项目	内容	评分
游戏动机和自主感		0～5
对已有经验的运用、问题解决		0～5
投入性和新异性		0～5
试误与纠正		0～5

(四)观察说明

幼儿在自由游戏的表现有以下项目观察。

1. 自选情况主要指两种情形，幼儿能否自主选择游戏类型和游戏材料。即幼儿不受教师和其他幼儿的干扰，根据自己意愿选择游戏类型与材料。可分为四种情形：自主选择游戏类型、不能自主选择游戏类型、自主选择材料、不能自主选择材料。

2. 情绪状态，即幼儿在游戏中比较长时间的一种情绪变现和状态，可分为以下三种：情绪积极、愉快主动；情绪一般；情绪不高，消极游戏。

3. 幼儿游戏的主题目的性是指幼儿游戏时是否有明确的目的与主题想法。可简单分为四种情况：无意识行为；主题不明确容易受同伴影响；自定主题，能很快进入游戏情境；共同商定主题，主题稳定。

4. 材料使用是指幼儿对材料使用的熟悉和熟练程度，课分为：不会用；简单重复使用；正确使用，常规玩法；材料使用充分，玩法多样。

5. 幼儿对规则的遵守体现在遵守游戏规则和对游戏材料的爱护两点。有遵守规则、行为有序；不遵守规则、行为混乱；轻拿轻放，爱护玩具；基本爱护；不爱护；及时收放，认真整理；收放部分材料；不能收放和整理八个水平。

6. 幼儿游戏中社会性水平体现为六个等级，即无所事事、漫无目的；观看他人；独自游戏；平行游戏；联合游戏；合作游戏。

7. 游戏中的师幼互动有两个方面，即由幼儿发起的互动和由教师发起的互动。可分为四个水平：必要时请求教师帮助，互动良好；不请求教师，自己玩；教师指导时，愉快接受；教师指导时，仍沉浸在自己游戏里。

8. 游戏中的同伴互动非常重要，是幼儿学习与发展的重要途径。可分为

积极交往——互相谦让、轮流合作、共同解决问题；一般交往——交谈逗趣、请求询问、追随模仿；消极交往——独占排斥、干扰破坏、攻击对抗三个水平。

9. 幼儿游戏的持续情况指的是幼儿在进行一个游戏或者同一类游戏时的时间和注意力持续情况，可分为三个水平：变换频繁，注意力不集中；有一定坚持，完成一项工作后再换其他工作；始终坚持，高度集中。

10. 表达情况指幼儿在游戏活动中对游戏想法、过程、结果等的语言表达，可分为正确表达自己游戏想法；喜欢交流与表达游戏过程；不能正确表达 ；不喜欢表达等情况。

11. 在游戏活动中，幼儿的创新能力表现得尤为突出的是在结构游戏中。结构游戏是一种非规则游戏，是幼儿与“物”的交互作用，通过感知、摆弄操作，对已有经验进行扩展、延伸、变形、组合的一系列探索过程。充分体现幼儿的自主性、合作性、创造性。具体表现在以下四方面。

12. 游戏动机和自主感。结构游戏是一种开放性游戏，对幼儿有很强的吸引力，能激发幼儿的游戏动机，同时由于材料的可变性和可结构化，使幼儿有强烈的自主感。

13. 对已有经验的运用、问题解决。创造性游戏在享受创造的自由时，他要思考搭什么、用什么搭、怎样去搭、在搭建中遇到困难如何解决、搭什么才能与众不同等问题，幼儿自己安排取舍组合加工，这是幼儿对已有经验的运用和问题解决的具体体现，是幼儿在活动中是否发挥创造性的一大标志。

14. 投入性和新异性。“做中学”，游戏的过程才是幼儿创新性的集中体现，在结构游戏中，幼儿的专注性是创造的前提，孩子全身心地投入活动，他的思维才能清晰，才能创新，才能得到与众不同的结果。

15. 试误与纠正。创造性游戏将幼儿的错误看成发展的过程，鼓励幼儿将错误表

达出来，自己意识到再自我纠正，在不断试误、纠正中，幼儿的创造性得到发展。

(五)观察反思

1. 幼儿在自由游戏中能得到哪些发展？
2. 幼儿在创造性游戏中得到哪些发展？

(六)扫一扫，看微课

任务五　幼儿园游戏活动中互动行为观察

游戏是幼儿最重要也是最喜欢的活动，游戏有促进幼儿多方面发展的功能，在游戏活动中，教师与幼儿结成的师幼关系、幼儿与幼儿结成的同伴关系，构成了幼儿游戏世界的人际关系，共同影响着游戏开展和进程。新的时代，幼儿教育观念发生着巨大转变，新的师幼观念——要求教师尊重幼儿，平等地看待幼儿；新的学习观念——注重游戏、注重合作、注重主动学习。这些观念反映在游戏中，要求教师做幼儿的游戏活动的合作者、支持者、指导者，与幼儿建立良性互动关系。同时，合作学习注重幼儿之间的相互影响，幼儿有无同伴以及与同伴的熟悉程度、互动过程、年龄因素等，直接影响游戏的内容和复杂程度，从而影响到幼儿在游戏中获得的技能、乐趣与社会性发展等。观察、了解幼儿游戏中的互动行为，有利于学生学习与掌握师幼互动的技能与鼓励幼儿互动的技能，为未来工作打下良好基础。

观察一　幼儿园游戏活动中师幼互动行为观察

《幼儿园教育指导纲要(试行)》中明确指出，“幼儿教育应以游戏为基本活动”“教育活动注重综合性、趣味性、寓教育于生活、游戏之中”。幼儿游戏成为教育儿童、发展儿童的手段或形式。而教师应确立幼儿在前、教师在后的意识，让幼儿真正成为游戏的主人，让幼儿在游戏中健康快乐地成长，但这并不意味着教育者对游戏中的幼儿放任自流。只有当教师与幼儿在游戏中相互作用，游戏促进幼儿学习与发展的功能才能真正地充分发挥出来。因此，师幼互动的状况直接决定着活动的效果。

师幼互动是发生在教师与幼儿之间的各种形式、性质和不同程度的相互作用和影响的过程，是贯穿于幼儿园一日生活各个环节且建立在师幼接触基础上的具有发起与反馈关系的双向人际交流活动。在观察游戏活动中的师幼互动，可以使学生学习游戏活动的组织、指导及互动的有效方法及策略，从而有效发挥游戏的教育价值。

(一)观察目标

观察、了解幼儿教师与幼儿在游戏活动中的互动情况，使学生认识师幼互动意义、学习师幼互动的技能与策略。

(二)观察内容

1. 幼儿教师在组织游戏和游戏过程中的师幼互动行为。
2. 幼儿在游戏中的师幼互动表现。

(三)观察指导

在见习与实习活动中各选择一次室内游戏和室外游戏，观察游戏活动中的师幼互动情况。把师幼互动按互动发起主体分类，了解各主体互动的主要内容，并统计次数。

表 4-12 游戏活动中师幼互动行为观察(1)

观察幼儿园：________　　　　观察班级：________
观察游戏：(室内)________　　　　(室外)________
观察日期：________　　　　观察人员：

教师组织幼儿开展游戏的语言和动作	语言： 动作：
教师在说明游戏规则时的语言和眼神等	语言： 眼神： 手势： 其他：
在幼儿游戏时，教师的位置、眼神	位置： 眼神：
教师以温和、鼓励的方式回应儿童的次数	简单描述：
教师以肢体接触表达关爱的次数	简单描述：
教师聆听幼儿反映问题的次数	简单描述：
教师对不开心、伤心、生气的幼儿给予同情与支持的次数	简单描述：
教师支持鼓励幼儿与教师良性互动的次数	简单描述：
教师把游戏引向深入，促进幼儿发展的互动	简单描述：
教师以肢体接触控制幼儿行为的次数	简单描述：
教师忽视、拒绝(眼神或肢体等)与某些幼儿互动的次数	简单描述：

续表

教师以责备的眼神、语言管理、制止幼儿行为的次数	简单描述：
教师以急躁的语言、生气的表情与幼儿互动的次数	简单描述：
教师与幼儿在一起游戏时的总体印象	愉快地与幼儿在一起游戏 看上去没有热情，也不积极 游离于幼儿游戏之外
幼儿在游戏中遇到问题向教师寻求安慰、帮助的次数	简单描述：
幼儿在游戏中向教师表达友好、寻求表扬、鼓励的次数	简单描述：
幼儿向教师发表自己见解的次数	简单描述：
幼儿向教师汇报游戏活动或展示游戏结果的次数	
幼儿向教师告状的次数	
幼儿发起的其他互动	简单描述
幼儿与教师一起游戏的总体印象	与教师一起愉快的游戏 对教师的存在与否不关心

表 4-13　游戏活动中师幼互动行为观察(2)

观察幼儿园：________　　　　观察班级：________

观察游戏：(室内)________　　　　(室外)________

观察日期：________　　　　观察人员：________

教师发起的互动行为	幼儿反馈(积极、消极、中性)次数	总次数
提问或让幼儿展示		
组织、指导或帮助		
鼓励、支持等		
纪律约束		
要求、提醒或指令		
询问		
评价		
解决矛盾		
让幼儿帮助做事		
抚慰或表示同情、关心		
与幼儿共同游戏或交流		

续表

幼儿发起的互动行为	教师反馈(积极、消极、中性)次数	总次数
展示游戏活动或游戏结果		
寻求帮助或抚慰		
寻求指导与帮助		
请求或征询许可		
发表见解		
告状		
提问、询问		
表白		
描述客观情况		
与教师共同游戏		

(四)观察说明

1. 观察表4-12是教师在组织游戏过程中常见的一些互动行为，通过观察和了解教师、幼儿在游戏中的互动行为，以及教师、幼儿在游戏中的情绪情感体验，并能简单描述。

2. 观察表4-13。表4-13对表4-12中教师和幼儿互动行为进行了简单的分类，了解教师为互动发起人的主要互动内容，同时从表4-12了解幼儿为互动发起人的主要互动内容，统计反馈者的反应，从中了解师幼互动的规律。

(五)观察反思

1. 影响师幼互动的因素有哪些?

2. 幼儿园教师在游戏活动中应怎样与幼儿良性互动?

(六)扫一扫，看微课

观察二　幼儿园游戏活动中同伴互动行为观察

同伴互动是幼儿与幼儿之间的相互作用、相互影响，是教育活动中发生频率最高的互动，也是对幼儿影响最大的互动。游戏中的同伴互动，影响着游戏的进程和结果，同时在某种程度上能支持或阻碍同伴关系的发展。

（一）观察目标

观察、了解在游戏活动中幼儿同伴间的互动情况，使学生认识同伴互动意义及学习指导幼儿同伴良性互动的技能与策略。

（二）观察内容

1. 游戏活动中的同伴互动行为。

2. 同伴互动对游戏的影响。

（三）观察指导

在实习与见习活动中，室内游戏和室外游戏各选择一次，观察游戏活动中的同伴互动情况。

表 4-14　游戏活动中同伴互动行为观察

观察幼儿园：________　　观察班级：________

观察游戏：（室内）________　　观察游戏：（室外）________

观察日期：________　　观察人员：________

在游戏开始时，幼儿之间的对话与肢体动作	对话描述： 动作描述：
在游戏中，幼儿间的眼神和对话交流次数	简单描述：
同伴间语言、击掌、欢呼等相互鼓励的次数	简单描述：
同伴间的相互拥抱行为（次数）	简单描述：
同伴间动作示范指导的次数	简单描述：
同伴间分享行为（次数）	简单描述：
同伴间礼让行为（次数）	简单描述：
同伴间合作、协商行为（次数）	简单描述：
同伴间不友好，不尊重的语言（出现次数）	简单描述：
同伴间不友好的肢体接触（出现次数）	简单描述：
不接受同伴的合作请求	简单描述：

(四)观察说明

1. 观察游戏开始时同伴间的语言和肢体表现，用来观察游戏初幼儿对游戏的期待和同伴间的心理距离。积极的同伴互动有礼让、语言鼓励、合作、协商、分享、鼓励、支持等；负面的同伴互动表现在不合作、语言不友好、动作不接纳甚至肢体冲突等。

2. 同伴间的相互鼓励很重要，可以是语言的、动作的等，比如击掌、欢呼、拥抱行为等。

3. 大部分情况下同伴间的拥抱行为是一种社会性行为，表达对同伴的接纳和喜欢。

4. 同伴间的分享包括游戏经验、分享游戏材料、分享游戏奖励等。

5. 同伴间的礼让、合作、协商都是良性互动，使游戏正常开展或向深度发展。

6. 同伴间不友好、不尊重的语言有喊绰号、嘲笑、讽刺等。

7. 不友好的肢体接触有故意碰撞、推搡等。

8. 不接受其他幼儿的合作请求表现在拒绝同伴的合作或协商行为。

(五)观察反思

1. 同伴互动对幼儿发展的促进作用有哪些？

2. 教师鼓励、支持幼儿间良性互动的策略与方法？

(六)扫一扫，看微课

观察三　豪威斯同伴游戏观察

豪威斯于1980年发表了考察儿童社会性游戏行为的同伴游戏量表。量表将幼儿游戏的社会性水平分为五个层次：水平一，简单平行游戏；水平二，具有成熟意识的平行游戏；水平三，简单社会性游戏；水平四，具有成熟意识的互补/互惠游戏；水平五，互补/互惠的社会性游戏。豪威斯量表主要以两个维度考察儿童游戏水平：一是观察在游戏中社会交往的复杂性；二是观察他们活动组织和综合程度。

(一)观察目标

观察、了解幼儿在游戏活动中的社会性交往水平，使学生学习从儿童同伴交流的角度考察幼儿游戏水平。

(二)观察内容

1. 游戏活动中的幼儿的社会性交往行为。

2. 幼儿的游戏水平。

(三)观察指导

在见习活动中各选择一次室内自由游戏(时间约20分钟),观察自由游戏活动中幼儿的社会性交往水平。选定一名或多名幼儿观察,每个幼儿记录一张观察表。

表4-15 豪威斯同伴游戏量表的观察记录

观察幼儿园:________　　观察班级:________

观察姓名:________　　观察日期:________

观察人员:________

时间	孤独游戏	水平一	水平二	水平三	水平四	水平五	非游戏活动	非游戏行为	教师干预	地点或适用材料
时间1										
时间2										
时间3										
……										

(四)观察说明

表4-15记录在一次游戏过程中,幼儿在不同时间段呈现的游戏社会性行为,和教师的干预情况,及幼儿选定的游戏地点和材料。如10:10～10:20,幼儿在一个通道上自己在玩扮演角色游戏,教师在一边注视着他。于是记录在孤独游戏下,地点室内通道,教师干预情况注视。一个孩子转来转去,不参加任何游戏,可是教师没有注意到他。记录非游戏行为,教师没有注意到,地点是室内各个活动区之间。

1. 孤独游戏——简单地玩,与周围的孩子使用不同的材料。虽与同伴处于可交流的范围,但无对话。

2. 游戏社会性水平五个层次的操作性定义

水平一——简单平行游戏

儿童在相互交往的范围内参加了相近的游戏活动,但没有出现目光交接或任何社会性行为。如一些孩子靠近坐着玩积木,他们完全沉浸于自己的游戏,好像并没有意识到其他同伴的存在。

水平二——具有成熟意识的平行游戏

孩子参与相近的游戏,并有目光接触。如玩积木的孩子偶尔注视其他同伴或其他同伴搭的积木。

水平三——简单社会性游戏

儿童相互间出现社会性行为，典型的社会性行为包括发出声音、给人玩具、微笑、触碰、拿玩具、攻击行为等。

水平四——具有成熟意识的互补/互惠游戏

儿童在游戏活动中有与同伴合作倾向行为，能意识到各自的角色。如一个玩积木的孩子将一块积木送给另一个孩子，另一个孩子接受并回赠他一块；或者两个孩子共同搭一个建筑物，轮流堆上去。

水平五——互补/互惠的社会性游戏

儿童在游戏中有第四个阶段的互补/互惠行为，也有第三个阶段的社会性交流。如一起搭积木的孩子有相互讨论“你放得不对，应该放在这里”。

3. 非游戏活动——事先由教师或自己选定的任务或学习活动，如涂色或其他教育性玩具的使用等。

4. 非游戏行为——无所事事、旁观行为、不断变换游戏活动的行为。

5. 教师干预——是在幼儿呈现相应的游戏社会性水平后，观察教师的干预情况。

(五)观察结果分析

在观察过程中如发现某个幼儿的社会性意识、社会性交流或合作活动能力不符合其年龄特征，则可给予相应的指导，分析观察还可以了解幼儿游戏的兴趣、喜爱的材料、与教师的交往状况等，这些游戏对于教师采用适当的指导方法，引导孩子提高游戏的水平是十分重要的。

第五部分　幼儿园教育环境创设

《幼儿园教师专业标准(试行)》提出，幼儿教师应具有环境创设与利用的专业能力，并能够创设适宜的幼儿园环境。因此，科学创设幼儿园的环境是每位幼儿园教师必备的技能，见习和实习是学习如何将理论知识与专业技能运用到幼儿园实践工作中。那么，在幼儿园见习和实习过程中，我们要从哪些方面观察教师创设的教育环境？如何创设幼儿园的教育环境才能有效促进幼儿的发展？让我们带着相关问题进入幼儿园教育环境创设见习与实习学习中。

任务一　幼儿园各类用房和幼儿园设备用具调查

幼儿园需要在以幼儿为主体的前提下，充分考虑幼儿的年龄特点，精心设计幼儿园的各类用房，配备适宜的幼儿园设备用具，使幼儿园教育环境在潜移默化中对幼儿身心发展产生积极的促进作用。

调查一　幼儿园各类用房调查

(一)调查目标

了解幼儿园各类用房。

(二)调查内容

幼儿园活动及辅助用房、办公及辅助用房和生活用房的调查。

(三)调查列表

表 5-1　幼儿园各类用房调查

调查幼儿园：________　　调查日期：________　　调查人员：________

活动及辅助用房		办公及辅助用房				生活用房	
名称	数量(间)	名称	数量(间)	名称	数量(间)	名称	数量(间)
活动室		办公室		教师值班室		厨房	
寝室		图书资料室		家长接待室		教职工餐厅	
卫生间		会议室		活动器械储藏室		开水及消毒间	
衣帽间		财务室		门卫室		炊事员更衣休息室	
音体活动室		保健室		总控室		洗衣房	
多功能室		晨检兼接送室		教职工卫生间		其他生活用房	
其他活动用房		隔离室		仓库			

备注：若无相关项目，填“无”；若相关项目共用一室，请注明。

(四)调查说明

1. 调查幼儿园活动及辅助用房

如：活动室、寝室、卫生间、衣帽间、音体活动室、多功能室和其他活动用房等。

2. 调查幼儿园办公及辅助用房

如：办公室、会议室、财务室、保健室、值班室、活动器械储藏室、门卫室等。

3. 调查幼儿园生活用房

如：厨房、教职工餐厅、开水及消毒间、炊事员更衣休息室、洗衣房、其他生活用房等。

(五)调查反思

1. 幼儿园各类用房在幼儿园的什么位置？

2. 幼儿园整体布局是否适合幼儿的年龄特点？

调查二　幼儿园设备用具调查

(一)调查目标

熟悉幼儿园设备用具的配备。

(二)调查内容

幼儿园卫生保健设备、教育教学设备、生活用品设备、行政设备等的调查。

(三)调查列表

1. 幼儿园设备用具调查

表 5-2　幼儿园卫生保健设备调查

调查幼儿园：________　　调查日期：________　　调查人员：________

编号	项目	数量	单位	编号	项目	数量	单位
1	办公桌椅		套	12	敷料		适量
2	药品柜		个	13	药用棉花		适量
3	儿童桌椅		套	14	镊子		把
4	观察床		张	15	资料柜		个
5	流动水设施		适量	16	听诊器		个
6	电冰箱		台	17	体温计		个
7	急救药箱		个	18	压舌板及容器		套
8	视力灯箱		盏	19	手电筒		个
9	身高、体重测量计		个	20	带盖方盒		个
10	消毒柜、消毒锅		个	21	血压计		个
11	紫外线消毒灯		盏	22	医护人员的工作服、手套、口罩		套
其他							

表 5-3　幼儿园室外设备调查

调查幼儿园：________　　调查日期：________　　调查人员：________

编号	项目	数量	单位	编号	项目	数量	单位
1	大型联合运动器械		套	10	小三轮车		辆
2	组合滑梯		套	11	球类		个
3	攀登架		台	12	拱形门		个
4	跷跷板		台	13	跳绳		根

续表

编号	项目	数量	单位	编号	项目	数量	单位
5	秋千		架	14	沙包		个
6	高跷		个	15	小推车		辆
7	转椅		张	16	飞盘		个
8	滚筒		个	17	平衡木		架
9	体操垫		个	18	投篮架		个
其他							

表 5-4　幼儿园室内设备(教学区)调查

调查幼儿园：________　　调查日期：________　　调查人员：________

编号	项目	数量	单位	编号	项目	数量	单位
1	多媒体一体机或电视		台	8	储物柜		个
2	钟表		个	9	幼儿用书		本
3	风扇		台	10	活动黑板		块
4	空调		台	11	教学参考书		本
5	照相机、录像机		台	12	幼儿书架		个
6	计算机		台	13	幼儿桌椅		套
7	电子琴或钢琴		架	14	玩具柜		组
其他							

表 5-5　幼儿园生活用品设备调查

调查幼儿园：________　　调查日期：________　　调查人员：________

编号	项目	数量	单位	编号	项目	数量	单位
1	小床		张	11	毛巾架		个
2	电扇		台	12	幼儿餐具		套
3	储物柜		个	13	水杯柜		个
4	餐车		辆	14	拖布		把
5	消毒柜		个	15	垃圾桶		个
6	小水杯		个	16	扫把、簸箕		套
7	保温桶		个	17	清洁卫生用品		适量
8	梳洗镜		面	18	盆		个
9	洗手池、水龙头		套	19	洗衣机		台
10	小毛巾		条	20	冷暖空调		台
其他							

表 5-6　幼儿园行政设备调查

调查幼儿园：________　　调查日期：________　　调查人员：________

办公设施设备				生活设施设备			
编号	项目	数量	单位	编号	项目	数量	单位
1	办公桌椅		套	1	炉灶和排风设施		套
2	资料柜		组	2	消毒柜		个
3	电脑桌		张	3	空调		台
4	会议桌		张	4	电饼铛		个
5	沙发		组	5	搅面机、切菜机		台
6	验钞机		台	6	打蛋机		台
7	复印机		台	7	拌馅机		台
8	传真机		台	8	电烤箱		台
9	计算机		台	9	蒸饭箱		个
10	教师用书		本	10	餐具柜		个
11	打印机		台	11	不锈钢工作台		个
12	电话机		部	12	冰箱		台
13	照相机、录像机		台	13	磅秤		台
14	塑封机		台	14	桶		个
15	保险柜		个	15	炊事用具		套
16	扩音设备		套	16	幼儿餐具		套
其他							

备注：调查后在表格中填写数量，没有的项目请在数量一栏填写“无”。其他一栏填写表格中没有呈现的幼儿园设施设备。在实习与见习过程中，此调查任务如不能调查到，请交带教教师，填写相关内容。

(四)调查说明

1. 卫生保健设备的配备

幼儿园卫生保健设备一般包括以下几种：

(1)一般设备，如办公桌椅、观察床、资料柜等。

(2)体检设备，如体重计、对数视力表、身高坐高计等。

(3)消毒设备，如紫外线灯、高压消毒锅、常用消毒液等。

(4)常用医疗器械，如体温计、手电筒、压舌板、剪刀、纱布、听诊器、镊子等。

(5)其他设备，如：医护人员用的工作服、口罩、手套、污物桶、冰箱等。

2. 教育教学设备调查

(1)室外设备调查。

幼儿园室外活动场地应设置包括攀、爬、滑、钻、荡、平衡、投掷等功能的大、中、小型运动器械。

(2)室内教学区设备的调查。

幼儿园室内教学区应配备儿童桌椅、书架、钢琴或电子琴、钟表、活动黑板、多媒体一体机、储物柜、计算机、照相机、录像机等。

3. 生活用品设备调查

幼儿园寝室配备小床、电扇；盥洗室配备洗手池、水龙头、梳洗镜；卫生间配备冲水式便池；同时配备幼儿生活必备的水杯、水杯架，毛巾、毛巾架，不锈钢餐具等。

4. 行政设备调查

行政设备包括办公、生活设施设备。

(1)办公设施设备包括办公桌椅、资料柜、电脑、会议桌、打印机等必要设备。

(2)生活设施设备包括卫生用具、食堂设施设备等。

(五)调查反思

1. 幼儿园设施设备创设的要求有哪些?

2. 各类设施设备分别在幼儿园的什么用房中?

任务二　幼儿园室内环境布置观察

幼儿园室内环境引导和影响幼儿的身心发展，室内环境创设要具备挖掘幼儿的潜能、促进幼儿的思维发展、提高幼儿审美能力等方面的作用。在观察中，我们应重点观察幼儿园墙面布置、空间布置及材料投放等方面。

观察一　幼儿园门厅和楼廊文化建设观察

(一)观察目标

领会幼儿园门厅和楼廊文化建设的功能及布置方法。

(二)观察内容

1. 幼儿园门厅布置。

2. 楼廊的悬挂物、墙面、活动区域布置。

(三)观察列表

表 5-7 幼儿园门厅和楼廊文化建设观察

观察幼儿园：________ 观察日期：________ 观察人员：________

<table>
<tr><td colspan="8">幼儿园门厅及楼廊文化建设</td></tr>
<tr><td colspan="2">观察内容</td><td colspan="6">具体描述（色彩、布局、功能等）</td></tr>
<tr><td rowspan="4">幼儿园门厅</td><td rowspan="2">园所理念（园标）</td><td colspan="3">园所理念文字</td><td colspan="3">园标（可绘画）</td></tr>
<tr><td colspan="3"></td><td colspan="3"></td></tr>
<tr><td rowspan="2">门厅装饰与功能（打“√”）</td><td>宣传栏</td><td>一周食谱</td><td>师资介绍</td><td>接待家长</td><td>晨检</td><td>作品展示</td></tr>
<tr><td></td><td></td><td></td><td></td><td></td><td></td></tr>
<tr><td rowspan="12">楼廊</td><td rowspan="2">悬挂物</td><td colspan="3">悬挂物内容</td><td>颜色</td><td>材料</td><td>几何布局</td></tr>
<tr><td colspan="3"></td><td></td><td></td><td></td></tr>
<tr><td rowspan="2">活动区域布置</td><td colspan="2">有无活动区域</td><td colspan="4">区域名称</td></tr>
<tr><td colspan="2"></td><td colspan="4"></td></tr>
<tr><td rowspan="7">墙饰</td><td colspan="2" rowspan="2">幼儿作品展示墙面</td><td>名称</td><td>幼儿作品</td><td colspan="2">装饰材料</td></tr>
<tr><td></td><td></td><td colspan="2"></td></tr>
<tr><td colspan="2" rowspan="2">家园联系专栏</td><td>名称</td><td>内容</td><td colspan="2">装饰材料</td></tr>
<tr><td></td><td></td><td colspan="2"></td></tr>
<tr><td colspan="2" rowspan="2">认知学习墙面</td><td>名称</td><td>主题内容</td><td colspan="2">装饰材料</td></tr>
<tr><td></td><td></td><td colspan="2"></td></tr>
<tr><td colspan="2">其他墙面</td><td colspan="4"></td></tr>
<tr><td>其他</td><td colspan="6"></td></tr>
</table>

备注：填写园所理念文字（观察幼儿园园所理念并以文字形式记录），园标（绘画出所观察幼儿园的园标），门厅装饰与功能（在选项下打“√”），悬挂物（内容填写悬挂物形象设计、颜色填写所用的颜色、几何布局填写不规则或三角形等），活动区域布置（填写“有”或“无”，楼廊区域名称），墙饰（名称填写墙面主题名称，幼儿作品填写手工或绘画，内容填写墙面展示内容，装饰材料填写所用的材料如卡纸、废旧纸盒等）。幼儿园没有的项目填写“无”。

(四)观察说明

1. 门厅

(1)园所理念。

门厅展示幼儿园的办园理念及园标设计意图。

(2)装饰与功能。

幼儿园大厅装饰中，一般用明快雅致的色彩，简洁稚拙的形象，结合文字，体现幼儿园的文化特色和理念。幼儿园门厅具有接待家长，接待外来宾客参观和咨询等功能，也是幼儿园公共的活动场地，所以会设置幼儿及教职工作品的展示栏目，家长接待区、活动区域等多样化、多功能的环境。

2. 楼廊

(1)悬挂物。

幼儿园门厅中会悬挂色彩统一、材料丰富、具有教育意义的装饰物，如悬挂幼儿绘画的作品、藤蔓花卉、废旧物制作的手工作品等。

(2)墙饰。

①幼儿作品展示墙面。

幼儿作品展示即将幼儿的美术作品通过各种创意形式进行展现。

②家园联系专栏。

家园联系专栏是教师与家长沟通的桥梁，它通过富有童趣的装饰、贴切的名称、丰富的内容拉近幼儿园和家长的距离，它既可以帮助家长了解幼儿园的教育情况，又可以将家长的意见和建议传达给幼儿园。

③认知学习墙面。

幼儿园走廊在体现美感的同时，也会布置有关传统文化知识、节日活动、消防安全知识等具有教育意义的墙面。

(3)活动区域。

在楼廊环境布置中，应在保障安全通行的前提下，合理利用空间设置活动区域，让幼儿观察和操作学习。

(五)观察反思

1. 幼儿园楼廊环境创设与中小学有什么不同？

2. 幼儿园楼廊环境创设的形式和材料是怎样的？

(六)扫一扫，看微课

观察二　活动室墙饰观察

(一)观察目标

了解幼儿园墙饰的分类与特点，掌握幼儿园墙饰设计制作的要点和方法。

(二)观察内容

幼儿园室内墙饰。

(三)观察列表

表 5-8 幼儿园活动室墙饰观察

观察幼儿园：________　　　　　　观察班级：________
观察日期：________　　　　　　　观察人员：________

<table>
<tr><td colspan="11">幼儿园活动室墙饰观察</td></tr>
<tr><td>墙饰分类</td><td>主题名称</td><td colspan="2">内容描述</td><td>参与者</td><td colspan="2">位置</td><td>色彩</td><td>形象设计</td><td>几何布局形式</td><td>材料和制作方法</td></tr>
<tr><td rowspan="3">主题墙</td><td rowspan="3"></td><td>标题数量</td><td>小标题名称</td><td rowspan="3"></td><td>高</td><td></td><td rowspan="3"></td><td rowspan="3"></td><td rowspan="3"></td><td rowspan="3"></td></tr>
<tr><td rowspan="2"></td><td rowspan="2"></td><td>中</td><td></td></tr>
<tr><td>低</td><td></td></tr>
<tr><td rowspan="3">值日生墙饰</td><td rowspan="3"></td><td colspan="2">值日生职责</td><td rowspan="3"></td><td>高</td><td></td><td rowspan="3"></td><td rowspan="3"></td><td rowspan="3"></td><td rowspan="3"></td></tr>
<tr><td colspan="2" rowspan="2"></td><td>中</td><td></td></tr>
<tr><td>低</td><td></td></tr>
<tr><td rowspan="3">晨检牌</td><td rowspan="3"></td><td colspan="2" rowspan="3"></td><td rowspan="3"></td><td>高</td><td></td><td rowspan="3"></td><td rowspan="3"></td><td rowspan="3"></td><td rowspan="3"></td></tr>
<tr><td>中</td><td></td></tr>
<tr><td>低</td><td></td></tr>
<tr><td rowspan="3">气象墙</td><td rowspan="3"></td><td colspan="2"></td><td rowspan="3"></td><td>高</td><td></td><td rowspan="3"></td><td rowspan="3"></td><td rowspan="3"></td><td rowspan="3"></td></tr>
<tr><td colspan="2" rowspan="2"></td><td>中</td><td></td></tr>
<tr><td>低</td><td></td></tr>
<tr><td rowspan="5">活动区域墙饰</td><td></td><td colspan="2"></td><td></td><td rowspan="2">高</td><td rowspan="2"></td><td></td><td></td><td></td><td></td></tr>
<tr><td></td><td colspan="2"></td><td></td><td></td><td></td><td></td><td></td></tr>
<tr><td></td><td colspan="2"></td><td></td><td rowspan="2">中</td><td rowspan="2"></td><td></td><td></td><td></td><td></td></tr>
<tr><td></td><td colspan="2"></td><td></td><td></td><td></td><td></td><td></td></tr>
<tr><td></td><td colspan="2"></td><td></td><td>低</td><td></td><td></td><td></td><td></td><td></td></tr>
<tr><td>班级标志牌</td><td colspan="3"></td><td></td><td colspan="2"></td><td></td><td></td><td></td><td></td></tr>
<tr><td>玻璃粘贴装饰画</td><td colspan="3"></td><td></td><td colspan="2"></td><td></td><td></td><td></td><td></td></tr>
</table>

备注：参照观察简介，观察幼儿园活动室内的墙面创设。填写墙饰主题名称(墙面的主题标题)，墙饰内容描述(墙饰分成的版块内容)，参与者(教师、幼儿，或教师和幼儿共同完成)，位置描述(墙饰所在的活动室墙面高、中、低位置，打“√”进行选择)，色彩、形象设计(变形夸张法、卡通化法、拟人化法等或对观察的具体形象进行描述)，几何布局形式(填写三角形、圆形、对角线、不规则形状等)，所用材料及制作方法(用的材料如卡纸、绳等，制作方法如粘贴、卷等，是平面还是半立体、立体)。幼儿园没有的项目填写“无”。

表 5-9　幼儿园活动室墙饰观察

墙面名称	墙面照片	具体描述

备注：填写观察墙面名称(如：主题墙、值日生墙、区域墙面等)，在墙面照片一栏粘贴观察照片，并针对墙面的制作过程、材料、颜色的运用等进行具体的描述。表 5-8 和表 5-9 可选择其中一个表格进行填写，墙面的制作方法、颜色的运用及制作的过程等请教所实习与见习的班级教师，并做详细记录。

(四)观察说明

1. 墙饰的分类

(1)根据使用功能的不同，幼儿园墙饰可分为装饰性墙饰和功能性墙饰两大类。

(2)根据设计性质的不同，幼儿园墙饰设计可分为常规墙饰设计、主题墙饰设计、互动墙饰设计三大类。

2. 玻璃装饰粘贴画

幼儿园玻璃装饰粘贴画运用夸张、变形的形象，将门窗的玻璃从整体上进行设计，巧妙地安排画面景物，达到既美观又透亮的效果。

3. 重点观察幼儿园墙饰的分类、主题名称及内容、参与者、所使用的材料和颜色、形象设计等，以及墙饰的制作过程。

(五)观察反思

1. 幼儿园墙饰的色彩、形象、构图是如何设计的？
2. 幼儿园各类墙饰的功能是什么？
3. 教师如何引导幼儿参与墙饰的制作？

(六)扫一扫，看微课

观察三　活动区布置与材料投放观察

(一)观察目标

1. 掌握幼儿园活动区的空间布置。
2. 掌握幼儿园活动区玩具材料的投放内容和管理方法。

(二)观察内容

幼儿园活动区的空间布置、幼儿园活动区进区卡、幼儿园活动区的材料、幼儿园活动区材料的管理方法。

(三)观察列表

表 5-9　活动区布置与材料观察

观察幼儿园：________　　　　观察班级：________

观察日期：________　　　　观察人员：________

<table>
<tr><th rowspan="2">区域名称</th><th rowspan="2">材料投放</th><th rowspan="2">材料来源</th><th colspan="2">材料管理</th><th colspan="2">区域位置</th></tr>
<tr><th>分类情况（器皿，如筐、盘子等）</th><th>标识描述（可贴照片）</th><th>位置（照片）</th><th>相邻区域</th></tr>
<tr><td>建构区</td><td></td><td></td><td></td><td></td><td></td><td></td></tr>
<tr><td>美工区</td><td></td><td></td><td></td><td></td><td></td><td></td></tr>
<tr><td>科学区</td><td></td><td></td><td></td><td></td><td></td><td></td></tr>
<tr><td>表演区</td><td></td><td></td><td></td><td></td><td></td><td></td></tr>
<tr><td>角色区</td><td></td><td></td><td></td><td></td><td></td><td></td></tr>
<tr><td>益智区</td><td></td><td></td><td></td><td></td><td></td><td></td></tr>
<tr><td>操作区</td><td></td><td></td><td></td><td></td><td></td><td></td></tr>
<tr><td>语言区</td><td></td><td></td><td></td><td></td><td></td><td></td></tr>
<tr><td>自然角</td><td></td><td></td><td></td><td></td><td></td><td></td></tr>
<tr><td rowspan="3">区域进区卡</td><td>个人标志卡（　　）</td><td colspan="5" rowspan="3">照片粘贴处</td></tr>
<tr><td>选区标记牌（　）</td></tr>
<tr><td>区域人数标志牌（　　）</td></tr>
</table>

备注：根据观察简介，每天观察一个区域的材料投放。填写材料投放(写明投放材料的内容)，材料来源(幼儿自己寻找的材料、幼儿家庭成员帮忙收集的材料、幼儿教师自制的材料、幼儿园购买的材料)，材料管理(写明材料是用筐、篮子、盘子等何种器皿盛放，用什么标识如图示等标注)，区域所在教室位置(参考观察简介说明区域在教室的位置，与哪个区域毗邻)，区域进区卡(写明区域人数标志牌、选取标记牌和个人标志卡的情况，根据情况选择打“√”，并附照片)。幼儿园班级内没有设置的区域填写“无”。

(四)观察说明

1. 幼儿园活动区的空间布置

(1)活动区要合理布局。

①根据活动区特点安排各区域的空间大小。

②热闹的活动区与安静的活动区分开，以免互相干扰。

③性质相近的区域相邻，注意区域间结合的方式。

④注意需要水和采光的活动区域所在的位置。

(2)活动区之间要界限明确。

①通过地垫、地毯等平面界限的方式划分区域。

②用玩具架、玩具柜或其他物体划分区域，形成半封闭或开放的立体空间。

(3)观察幼儿园活动区的进区卡设置情况。

进区卡是幼儿园区域活动中限制区域人数、记录幼儿进入区域情况、适合幼儿年龄特点的引导材料。在进区卡观察中，重点观察进区卡的数量、制作形式和方法、使用情况等。

2. 幼儿园活动区的材料

(1)建构区材料。

各种大型积木、积塑等造型用的成品材料；易拉罐、纸箱、纸板、薯片桶等废旧材料；搭建后动物、植物、玩具汽车模型等辅助材料；图文并茂的搭建图示。

(2)美工区材料。

各种绘画材料、泥工类材料、手工类材料、各种美术工具(剪刀、胶水、胶棒等)、收集的废旧物品等。

(3)科学区材料。

探索用的镜子、回形针、磁铁、天平、塑料尺子、碎纸屑等；测量工具；拆装用的废旧手电筒、钟表等；以及动植物标本、图片等。

(4)表演区材料。

可供表演的脚本；服装道具类；各种乐器；布置表演舞台、场景所需要的材料等。

(5)角色区材料。

角色游戏扮演所需的材料和服装道具；书写工具；收集的材料和自制材料等。

(6)益智区材料。

数概念的雪花片、扑克牌、小棒；几何图形、形体；排序的套娃、套碗；分类盒；各种棋类；各种迷宫；教师自制游戏材料等。

(7)操作区材料。

发展幼儿手眼协调能力和手部动作的材料：练习系扣子、钉钉子、用勺子、开锁、拧瓶盖、系鞋带、编辫子等的材料。

(8)语言区材料。

各种图书、幼儿自制图书、幼儿影集、幼儿姓名卡片、小沙发、抱枕等。

(9)自然角材料。

可在幼儿园种植的植物及所使用的工具；饲养的小动物；观察记录用的表格或本子、放大镜、笔等。

3. 幼儿园活动区材料的管理方法

活动区材料应放在开放的、低矮的玩具柜上，用透明容器分类摆放(如筐子、篮子、盘子等)，并贴上文字或图示做的标签进行标识，帮助幼儿更好地整理材料。

(五)观察反思

1. 所实习与见习班级开设了几个区域？区域名称是什么？各在班级的什么位置？
2. 区域材料投放后幼儿的使用情况如何？
3. 如何有效地投放幼儿园区域材料？

(六)扫一扫，看微课

观察四　学具型材料投放观察

(一)观察目标

掌握幼儿园学具型材料的投放情况。

(二)观察内容

美工类、计算类、音乐类、语言类学具型材料的投放观察。

(三)观察列表

表 5-10　活动室学具型材料投放观察

观察幼儿园：________　　观察班级：________

观察日期：________　　观察人员：________

学具材料类型	材料内容	材料使用情况		
		集体	小组	个人
美工类学具型材料				
计算类学具型材料				
音乐类学具型材料				
语言类学具型材料				
其他(　　)				

备注：参照观察简介，观察所见习与实习班级的学具型材料，写明投放材料内容，材料使用情况(是幼儿集体使用，还是小组使用，抑或是幼儿一人一份，在此栏内打“√”进行选择)。其他一栏填写表格中未出现的学具材料。

（四）观察说明

学具型材料主要是针对集中教育活动，为保障幼儿各类教育活动的顺利进行提供给幼儿的人手一份或小组使用的材料。

1. 美工类学具型材料

绘画工具和材料、印章、橡皮泥、手工纸、剪刀、胶水或胶棒、收集的废旧材料等。

2. 计算类学具型材料

主要包括计数类的材料、图形卡片、教师自制材料等。

3. 音乐类学具型材料

主要包括打击乐器、伴奏类乐器、自制图谱等。

4. 语言教学类学具型材料

主要包括玩具手偶、指偶、头饰、幼儿教材等。

此外，在一些自然科学探索课程中所使用的学具型材料会放在盘子、筐子、杯子中，分组投放，方便幼儿取放进行操作。

（五）观察反思

1. 教师如何运用学具型材料引导幼儿玩中学、做中学？

2. 自制学具型材料的目的、操作方法以及种类和数量情况？

（六）扫一扫，看微课

观察五　睡眠室环境及盥洗室环境观察

（一）观察目标

掌握幼儿园睡眠室及盥洗室的布置方法。

（二）观察内容

睡眠室的色彩、墙面、软环境。盥洗室的墙面、地面、毛巾架和水杯架等。

(三)观察列表

表 5-11　睡眠室环境以及盥洗室环境布置观察

观察幼儿园：________　　　　　　　　　　　　观察班级：________

观察日期：________　　　　　　　　　　　　观察人员：________

睡眠室环境以及盥洗室环境布置观察			
名称	照片		具体描述
睡眠室		色彩	
		墙面	
		软环境(床、小被子等)	
盥洗室		墙面(包括小镜子)	
		地面	
		水杯架、毛巾架标志	
		其他	

备注：参照观察简介，粘贴照片，填写相关内容。没有相关内容，填写“无”。

(四)观察说明

1. 睡眠室布置

(1)宜使用温馨、柔和的颜色。

(2)墙面布置方面，可以有一个主要形象的卡通画，用一些星星、花草等做点缀。

(3)在软环境的布置上，小床、小被子、小枕头、漂亮的窗帘都可以为幼儿营造良好的睡眠空间，保证幼儿优质的睡眠。

2. 盥洗室布置

墙面布置以具有教育性、富有童趣的形象或画面为主，地面布置小脚印或其他标志等引导幼儿排队。在盥洗室的水杯架和毛巾架上设置每名幼儿的标志，可以是照片或者小动物，方便幼儿取放自己的毛巾和水杯。另外，在盥洗室的镜子上也可以布置一些卡通形象的装饰，增加盥洗的乐趣，培养幼儿养成良好的习惯。

(五)观察反思

1. 睡眠室的整体设计有哪些方面是你认为适合幼儿年龄特点的？
2. 如果你是幼儿园教师，如何设计幼儿园的盥洗室环境布置？

(六)扫一扫，看微课

任务三　幼儿园户外环境布置观察

户外环境是幼儿生活中的重要环境，对幼儿发展具有重要的价值。设计合理、舒适、美观的幼儿园户外环境，可以激发幼儿参与户外活动的兴趣，提高幼儿的运动能力，并使幼儿在潜移默化中受到美的熏陶。

观察一　幼儿园户外空间环境观察

(一)观察目标

掌握幼儿园户外空间环境的基本构成。

(二)观察内容

幼儿园户外空间环境观察。

(三)观察列表

表 5-12　幼儿园户外空间环境观察

观察幼儿园：________　　　　观察班级：________

观察日期：________　　　　观察人员：________

<table>
<tr><td colspan="2">户外空间环境分类</td><td colspan="4">具体描述</td></tr>
<tr><td colspan="2" rowspan="2">园门及围墙</td><td colspan="2">园门描述</td><td>围墙有无绘画装饰</td><td>有无展览橱窗</td></tr>
<tr><td colspan="2"></td><td></td><td></td></tr>
<tr><td colspan="2">园区环境绿化</td><td colspan="4"></td></tr>
<tr><td rowspan="4">户外
游戏
场地</td><td>游乐设施区</td><td>有（ ）
无（ ）</td><td>照片粘贴处</td><td colspan="2"></td></tr>
<tr><td>体育活动区</td><td>有（ ）
无（ ）</td><td>照片粘贴处</td><td colspan="2"></td></tr>
<tr><td>戏水玩沙区</td><td>有（ ）
无（ ）</td><td>照片粘贴处</td><td colspan="2"></td></tr>
<tr><td>种植饲养区</td><td>有（ ）
无（ ）</td><td>照片粘贴处</td><td colspan="2"></td></tr>
<tr><td colspan="2">建筑物外墙</td><td colspan="4"></td></tr>
</table>

备注：参照观察简介，粘贴照片，对相关内容进行具体描述。

(四)观察说明

户外空间环境主要指幼儿园教室以外的空间环境，包括园门及围墙、园区环境绿化、户外游戏活动场地、建筑物外墙。

1. 园门及围墙

幼儿园园门的设计要结合幼儿园的教育特点，设计时颜色、造型要和幼儿园整体环境协调统一。

2. 园区绿化环境

环境绿化的花草树木，使幼儿园生机盎然。另外，园区雕塑、草地上设计的小路等，常与环境绿化交相辉映。

3. 户外游戏活动场地

包括游乐设施区、体育活动区、戏水玩沙区、种植饲养区等。

4. 建筑物外墙

建筑物外墙运用多种艺术手法装饰，用鲜艳明快的颜色、栩栩如生的卡通形象，配以花草点缀，使幼儿园充满生机和活力。除此之外，外墙上还可设计橱窗、家园交流专栏、通知栏等。

(五)观察反思

1. 户外空间环境如何设置才能更合理?
2. 你认为建筑物外墙怎样进行装饰更符合幼儿园教育的特点?

(六)扫一扫，看微课

观察二　幼儿园户外活动材料投放观察

(一)观察目标

掌握户外活动材料的分类与具体内容。

(二)观察内容

幼儿园户外活动材料的分类及投放观察。

(三)观察列表

表 5-13　幼儿园户外活动材料投放观察

观察幼儿园：________　　观察班级：________

观察日期：________　　观察人员：________

材料分类	材料具体内容	材质	成品还是自制
大型运动器械材料			
中、小型运动器械材料			
走、跑、跳运动材料			
平衡运动材料			
投掷运动材料			
钻、爬运动材料			
攀登运动材料			
沙、水游戏材料			
其他			

备注：参照观察简介，填写所观察的幼儿园户外活动材料的具体内容(既可以文字描述，也可以粘贴所观察幼儿园照片)。如材质(填写布类、绳类、纸类、金属类、瓶罐类、木竹类、混合类、球类等)，成品还是自制(填写成品或教师、幼儿自制)。

(四)观察说明

1. 大型运动器械材料，主要有室外组合滑梯、攀岩墙、攀登架、荡桥、转椅、蹦蹦床、爬网、秋千等。

2. 中、小型运动器械材料，主要有跳绳、沙包、球、小推车、皮筋等。

3. 走、跑、跳类运动材料，如小推车、拖拉玩具、毛绒动物尾巴、羊角球、皮筋、舞龙游戏材料等。

4. 平衡运动材料，如梅花桩、高跷、平衡木、高低不同的竹梯、绳子等。

5. 投掷运动材料，如沙包或报纸球、飞盘、飞镖、篮球及篮球架等。

6. 钻、爬运动材料，如钻圈、纸箱迷宫、爬行垫等。

7. 攀登运动材料，如攀登架、爬网、攀岩墙等。

8. 沙、水游戏材料，如小桶、小铲子、小喷壶、沙漏、小推车、小瓶子、漏斗等。

(五)观察反思

1. 你所见的幼儿园是如何对户外活动材料进行分类和管理的?

2. 幼儿园教师应如何有效地利用幼儿园户外活动材料?

任务四　幼儿园精神环境创设观察

精神环境作为幼儿园环境的重要组成部分，与幼儿的社会性发展、幼儿良好个性的形成等方面关系密切。如何创设健康的精神良好是我们幼儿园教师需要认真思考的问题。

观察一　幼儿园文化心理环境观察

(一)观察目标

了解幼儿园文化心理环境创设的内容。

(二)观察内容

幼儿园物质环境氛围、幼儿园现代教育思想氛围、幼儿园良好人际氛围、幼儿园风气。

(三)观察列表

表 5-14　幼儿园文化心理氛围观察

观察幼儿园：________　　观察班级：________

观察日期：________　　观察人员：________

<table>
<tr><th>文化心理氛围</th><th colspan="2">具体描述</th></tr>
<tr><td rowspan="2">幼儿园物质环境氛围</td><td>环境是否优美整洁(　)</td><td>设施设备是否齐全(　)</td></tr>
<tr><td>环境布置是否具有童趣、教育性(　)</td><td>环境布置是否变化调整(　)</td></tr>
<tr><td rowspan="2">幼儿园现代教育思想氛围</td><td>是否以幼儿为主体(　)</td><td rowspan="2">幼儿园的办园宗旨和治学理念(　　　)</td></tr>
<tr><td>教师是否爱孩子并付诸行动(　)</td></tr>
<tr><td rowspan="2">幼儿园良好人际氛围</td><td>幼儿是否快乐、自信、活泼(　)</td><td rowspan="2">家长是否放心、满意、主动参与(　　　)</td></tr>
<tr><td>教师是否自信、自爱、蓬勃向上(　　)</td></tr>
<tr><td>幼儿园风气</td><td>教师是否积极向上(　)</td><td>教师是否精诚团结(　)</td></tr>
</table>

备注：1. 参照观察说明，根据所见习和实习的幼儿园的实际情况，针对不同情况在(　)填“是”或“否”，并进行具体描述。

2. 根据观察幼儿园的文化心理氛围的实际情况写一篇观察记录。

(四)观察说明

1. 幼儿园物质环境氛围

幼儿园物质环境的创设应做到环境整洁优美，园内的设施设备齐全，富有童趣，并具有教育意义，并随着幼儿的发展及时调整。

2. 幼儿园现代教育的思想氛围

幼儿园要树立正确的儿童观和教育观。幼儿园办园理念要以幼儿为主体。教师要将爱孩子的情感渗透到幼儿园的一日生活中。

3. 幼儿园良好人际氛围

幼儿园内教师应自信、友爱、和谐、融洽；幼儿快乐自信，敢于表达；家长对幼儿园工作认可满意，并能够积极配合幼儿园的教育。

4. 幼儿园风气

幼儿园工作需要群体间配合才能良好地运作，所以教职工间要团结协作、互助互爱，有服务意识，在严格要求的基础上精益求精地做好每一项工作，形成积极向上的幼儿园风气。

(五)观察反思

根据所观察幼儿园的文化心理氛围的实际情况写一篇观察心得。

(六)扫一扫，看微课

观察二　幼儿园人际心理氛围观察

(一)观察目标

领会幼儿园人际心理环境的重要性，掌握幼儿园良好人际心理环境的创设方法。

(二)观察内容

教师与幼儿的人际交往、幼儿与幼儿的人际交往、教师与教师的人际交往、家长与教师的人际交往。

(三)观察列表

表 5-15 幼儿园人际心理氛围观察

观察幼儿园：________ 观察班级：________

观察日期：________ 观察人员：________

<table>
<tr><td colspan="6">幼儿园人际心理氛围观察</td></tr>
<tr><td rowspan="6">教师与幼儿的人际交往</td><td rowspan="4">直接影响</td><td>幼儿
提出问题</td><td></td><td>教师处理过程</td><td></td></tr>
<tr><td>幼儿是否
感受到平等</td><td></td><td>教师处理过程</td><td></td></tr>
<tr><td>幼儿错误行为</td><td></td><td>教师处理过程</td><td></td></tr>
<tr><td>幼儿对教师
身体语言的反应</td><td></td><td>教师的具体表现</td><td></td></tr>
<tr><td rowspan="2">间接影响</td><td>幼儿园管理方式</td><td>高压专制（ ）</td><td>一盘散沙（ ）</td><td>恰当管理（ ）</td></tr>
<tr><td>教师工作安排</td><td>太紧张（ ）</td><td>轻松（ ）</td><td>适中（ ）</td></tr>
<tr><td rowspan="2">幼儿与幼儿的人际交往</td><td>多交流
思想感情</td><td>幼儿具体表现</td><td></td><td>教师引导方法</td><td></td></tr>
<tr><td>多关心
多帮助</td><td>幼儿具体表现</td><td></td><td>教师引导方法</td><td></td></tr>
<tr><td>教师与
教师的交往</td><td colspan="2">关系紧张（ ）
幼儿是否受到影响（ ）</td><td colspan="2">关系一般（ ）
幼儿是否受到影响（ ）</td><td>关系和谐（ ）
幼儿是否受到影响（ ）</td></tr>
<tr><td>家长与教师
的交往</td><td colspan="5"></td></tr>
</table>

备注：1. 参照观察简介在表格中填写所观察幼儿园实际情况的具体描述，在（ ）内打“√”或填写“是”或“否”。

2. 也可根据观察和请教指导教师写 1000 字左右的观察记录。

(四)观察说明

1. 教师与幼儿的人际交往

(1)直接影响

①教师尊重幼儿，保护幼儿的自尊心，学会换位思考，设身处地地为幼儿着想，和幼儿平等交往。

②教师应善于发现幼儿的优点，并及时用鼓励性的言语，或微笑、拥抱、目光等

肢体语言表示肯定，让幼儿感到教师的亲切，产生心理安全感。

③教师要有专业的技能技巧，在幼儿出现错误行为时，了解到真正的原因，用理解尊重的态度设计情境组织幼儿讨论，培养幼儿自我评价、自我控制的能力。

(2)间接影响

幼儿园的管理要有科学系统的规章制度，在严格要求的基础上，合理安排教师的工作，留给教师自由发展的空间，使教师能在自主愉悦的状态下积极与幼儿交流互动。

2. 幼儿与幼儿的交往

教师应为幼儿营造宽松、温馨的环境，给幼儿提供充分的自由交往的机会，在日常生活中引导幼儿互相关心、互相帮助，培养幼儿的合作意识，让幼儿学会分享、团结、理解他人的情绪情感，增强幼儿交往的愉悦体验。

3. 教师与教师的交往

教师间互相帮助，友爱和睦，精诚团结，会给班级营造温情的氛围，幼儿耳濡目染，也能学会适宜的交往方式，所以幼儿教师在工作中的交往，应该成为幼儿良好社会性发展的榜样。

4. 教师与家长的交往

教师在与家长的交往中，要善于利用家长开放日、家访等活动主动与家长交流，要以专业知识增强家长对教师的信任感，同时要尊重家长，取长补短，互相学习，共同为幼儿的健康发展做出努力。

(五)观察反思

1. 教师如何引导幼儿和幼儿之间的交往?
2. 教师如何主动和家长交流?
3. 教师怎样主动和园内教职工和谐、融洽地相处?

(六)扫一扫，看微课

任务五　幼儿园外部环境观察

家庭是教育的第一场所，社区拥有丰富的人力、物力资源，幼儿园应和家庭、社区合作共育，利用幼儿园、家庭、社区资源，使其发挥最大的效用，提高保教质量。

观察一　家园合作环境观察

(一)观察目标

1. 掌握幼儿园教师与家长交流的技巧。
2. 掌握幼儿园家园共育活动的方式。

(二)观察内容

1. 幼儿园教师与家长交流的技巧。
2. 幼儿园家园共育活动。

(三)观察列表

表 5-16　幼儿园家园合作环境观察

观察幼儿园：________　　观察班级：________

观察日期：________　　观察人员：________

<table>
<tr><td rowspan="4">教师与家长的交流技巧</td><td rowspan="2">谈话时间地点的选择</td><td>谈话原因</td><td>谈话时间</td><td>谈话地点</td><td rowspan="2">谈话的言语和非言语技巧</td><td>教师非言语技巧</td><td>教师使用的言语</td><td>针对不同家长教师谈话方式</td><td>沟通幼儿缺点</td></tr>
<tr><td></td><td></td><td></td><td></td><td></td><td></td><td></td></tr>
<tr><td rowspan="2">特殊情况处理</td><td colspan="2">当家长不满时教师的处理方式方法</td><td colspan="6"></td></tr>
<tr><td colspan="2">当沟通无效时教师的处理方法</td><td colspan="6"></td></tr>
</table>

续表

<table>
<tr><td rowspan="21">幼儿园家园共育活动</td><td rowspan="3">家访</td><td colspan="5">家访原因（打“√”）</td><td>时间</td><td colspan="2">家访过程</td></tr>
<tr><td>对幼儿在家情况调查</td><td>偶发疾病</td><td>出现意外</td><td>幼儿严重行为问题</td><td>其他</td><td rowspan="2"></td><td colspan="2" rowspan="2"></td></tr>
<tr><td></td><td></td><td></td><td></td><td></td></tr>
<tr><td rowspan="5">亲子互动</td><td colspan="2">活动方式</td><td>是否开展</td><td>活动主题</td><td>时间</td><td>参与者</td><td colspan="2">教师引导情况</td></tr>
<tr><td colspan="2">亲子活动</td><td></td><td></td><td></td><td></td><td colspan="2"></td></tr>
<tr><td colspan="2">新闻专栏</td><td></td><td></td><td></td><td></td><td colspan="2"></td></tr>
<tr><td colspan="2">家园共育栏</td><td></td><td></td><td></td><td></td><td colspan="2"></td></tr>
<tr><td colspan="2">家长开放日</td><td></td><td></td><td></td><td></td><td colspan="2"></td></tr>
<tr><td rowspan="2">家园联络</td><td colspan="2">个别谈话</td><td>电话联系</td><td>书信、便笺</td><td>观察记录</td><td>园长信箱</td><td>互动平台</td><td>其他</td></tr>
<tr><td colspan="2"></td><td></td><td></td><td></td><td></td><td></td><td></td></tr>
<tr><td rowspan="2">家长学校</td><td colspan="4">具体内容</td><td colspan="4">一学期次数</td></tr>
<tr><td colspan="4"></td><td colspan="4"></td></tr>
<tr><td rowspan="2">家长走进课堂</td><td colspan="4">具体内容</td><td colspan="4">一学期次数</td></tr>
<tr><td colspan="4"></td><td colspan="4"></td></tr>
<tr><td rowspan="2">家长委员会</td><td colspan="4">具体内容</td><td colspan="4">一学期次数</td></tr>
<tr><td colspan="4"></td><td colspan="4"></td></tr>
</table>

备注：参照观察简介，根据所见习与实习的幼儿园实际情况进行观察。

（四）观察说明

1. 教师与家长的交流技巧

（1）谈话时间地点的选择：谈话原因（因何事）、谈话时间（接送孩子时间还是其他时间）、谈话地点（幼儿园教室、幼儿园一角、幼儿园办公室或其他）。

（2）谈话的言语和非言语技巧：教师非言语技巧（目光、微笑、点头、注意力等），教师使用的言语（咱们、您、我们等），针对不同家长教师谈话方式（对于不同性格的家长，教师采用的谈话过程和方式进行具体描述），沟通幼儿缺点时（教师向家长沟通幼儿缺点时，所使用的言语方法以及谈话的过程）。

（3）特殊情况的处理：当家长不满时教师的处理方法，当沟通无效时教师的处理方法。

2. 幼儿园家园共育活动

(1)家访：家访原因(在对幼儿在家情况调查、偶发疾病、出现意外、幼儿严重行为问题、其他中打“√”进行选择)，时间(家访的具体时间)，家访过程(家访活动前教师所做的准备，家访过程，家访后教师所做的工作等)。

(2)亲子互动：亲子活动、新闻栏、家园共育栏、开放日根据所在幼儿园实际情况填写是否开展(填写“是”或“否”)，活动主题(填写活动的名称或主要内容)，活动时间(活动的具体时间)，参与者(家长、幼儿、教师以及其他)，教师引导情况(对教师在亲子互动过程中的引导情况进行具体描述)。

(3)家园联络：个别谈话，电话联系，书信、便笺，观察记录，园长信箱，互动平台，其他(在下面打“√”进行选择)。

(4)家长学校、家长走进课堂的具体内容(所进行的主题内容)及一学期的次数，家长委员会的具体内容(如参与幼儿园管理、配合园方做好期末家长评议工作等)及一学期次数。

(五)观察反思

1. 幼儿园家园合作中教师要怎样反思自己的工作？
2. 家长和教师出现矛盾时如何化解？
3. 如何合理利用微信等信息平台搭建家园共育的桥梁？
4. 如何保证家园共育活动的实效性？

(六)扫一扫，看微课

观察二　亲近自然和走进社会活动环境观察

(一)观察目标

掌握幼儿园亲近自然和走进社会的方式。

(二)观察内容

幼儿园亲近自然和走进社会的方式观察。

(三)观察列表

表 5-17　幼儿园亲近自然和走进社会活动环境观察

观察幼儿园：＿＿＿＿　　　　　　　　　　观察班级：＿＿＿＿

观察日期：＿＿＿＿　　　　　　　　　　　观察人员：＿＿＿＿

	方式		内容及材料	参与者
幼儿园亲近自然	创设自然角	植物角		
		动物角		
		蔬菜、水果、干果角		
		种子角		
		农作物角		
		标本角		
	设置种植区			
	散步观察			
	采摘			
	郊游			
	旅行			
	设置沙、水区			
幼儿园走进社会	方式		内容及材料	参与者
	走进身边社会			
	职业体验			
	家园活动			
	节日活动			
	社会性主题实践活动			
	游玩			

备注：1. 参照观察简介，填写亲近自然和走进社会活动环境观察的具体内容和材料，参与者(填写幼儿、教师、家长，还是其他)，观察班级(填写见习与实习观察班级)。

2. 可请教幼儿园带教教师，抄写幼儿园活动案例一份。

(四)观察说明

1. 亲近自然

开展亲近自然的教育，首先，以大自然为课堂，在户外活动中组织幼儿动手操作，直接感知接触大自然；其次，在幼儿园内创设自然角，设置种植区，在种养动植物的过程中亲近自然；再次，幼儿园可组织幼儿散步观察、采摘等活动，让幼儿自由探索，感受自然；最后，鼓励家长带幼儿长途旅行、近郊游等，让幼儿了解更多的知识和文化，使幼儿热爱美好的大自然。

2. 走进社会的方式

首先，要利用周边的社会资源，走进社会环境，如走进军营、走进书店、走进超市、参观博物馆等；其次，带幼儿到职业体验馆体验不同职业的劳动特点和相关的知识技能，培养幼儿的社会交往能力；最后，幼儿园可专门组织节日活动和主题活动，并利用一些随机的社会教育机会，促进幼儿身心全面协调发展。

(五)观察反思

1. 幼儿园走进社会和亲近自然对幼儿身心发展的意义。
2. 教师如何开展具有实效的亲近自然和走进社会的活动?

(六)扫一扫，看微课